초식공룡이 쓴
일기

저자 위정복

앞에는 탐진강(총길이 56km)이 흐르고 뒤에는 제암산(807m), 사자산(666m), 억불산(518m)이 자리 잡고 있는 땅이 필자의 고향 전남 장흥이다. 6남매 중에서 3남으로 출생하여 장흥동초등학교(20회)와 장흥중학교(25회)를 거쳐 빛고을 광주로 유학, 광주고등학교(25회)와 전남대학교 의과대학(32회)을 졸업했다. 결혼 후에 군의관 중위로 예편한 다음 도서 산간 지역에서 3년간 공중보건의 임무를 마치고 예향의 도시 전주로 보금자리를 옮겼다. '예수병원'에서 인턴과 마취통증과 레지던트 수련을 끝내고 마취통증과 전문의로 지내며, 지금까지 이곳을 제2의 고향으로 여기며 살고 있다. 전주 '채움과 비움의 교회'에 출석하며 마취통증과 전문의 일과 함께 화석과 암석을 수집하고 사진을 촬영한다. 틈이 날 때마다 책을 집필할 뿐만 아니라 창조과학 강사로도 활동 중이다. 특히 '웨스트민스터 신앙고백'의 바탕이 되는 『킹제임스 성경』을 알리는 데 역점을 두고 있다.

약력

前 한국창조과학회 이사
　　전주시의사회 편집이사
　　전주시의사회 부회장

現 호남오페라단 운영이사
　　'청의(靑醫)' 운영이사
　　전주마취통증의원 원장
　　'채움과 비움의 교회' 안수집사

저서

『창조세계와 과학의 올바른 나침반』(라온누리, 2016)
『위 원장의 마취, 통증, 생명 이야기』(라온누리, 2019)

수상경력

2005 제13회 한국기독교미술대전 서예 부문 입선
2008 제13회 의인미술전람회 서예 부문 우수상
2008 신문 『청년의사』 주관 독후감 우수상
2008 제2회 노바티스 MD포토 공모전 동상
2009 제3회 노바티스 MD포토 공모전 대상
2009 제17회 pan음악제 팬플룻 연주 대상
2011 제14회 의인미술전람회 사진 부문 우수상

- 필자 이메일 weebook56@hanmail.net
- 그림 작가 이메일 drawdreamdesign@gmail.com

초식공룡이 쓴 일기

_____

_____

_____

프롤로그

우리나라 어느 초등학생이 「공룡」이란 제목으로 다음과 같은 동시를 지었습니다.

크고 작은 공룡들
공룡들은 언제부터
살았을까?

공룡들은 우리들이
없어서 심심했겠다

나는 큰 초식공룡이
좋다

(하략(下略))

호기심을 자극하는 동물에 대해 자신의 감정을 진솔하게 표현한 것 같습니다. 다만 이 어린이가 '사람과 공룡이 동시대에 살았다.'라는 사실을 알았더라면, 어떤 시어(詩語)를 선택했을지 자못 궁금합니다. 필자는 이처럼 공룡이 수수께끼로 남아 있는 자들에게 '진실'이라는 조약돌을 던져주고 싶었습니다. 그 내면에 파동을 일으켜 진리가 주는 자유를 만끽하길 바랐기 때문입니다.

자연스럽게 공상의 나래를 폈습니다. '공룡에게 사람의 언어를 구사하게 하여 대화를 나눠보면 어떨까?' '그렇다면 『**욥기**』에서 잠자고 있는 '베헤못'(Behemoth)과 '리워야단'(Leviathan)을 깨워야겠다.' 근거를 기반으로 뼈를 맞추고 살을 붙이자, 근사한 스토리 『초식공룡이 쓴 일기』(줄여서 '초공기')가 완성되었습니다. 물론 타임머신을 비롯하여 다양한 상상력을 동원하였으므로 글 형식은 픽션입니다. 반면에 불변의 진리인 **성경**과 올바른 **창조과학**을 바탕으로 집필하였기 때문에 그 내용은 논픽션으로 보아도 무방합니다.

지금까지 공룡은 진화론자의 전유물이었습니다. 공공 기관(학교, 공룡박물관 등)은 말할 필요도 없고 각종 서적과 매스미디어(TV, 라디오, 신문, 잡지 등)에서 그래왔습니다. 그러나 이런 진영에서는 목격자와 증거를 찾지 못해 공룡은 풀리지 않는 미스터리가 될 수밖에요. 오히려 창조론적 시각으로 접근하면 의문점들이 속 시원히 풀립니다. 주님(혹은 하나님)은 공룡을 창조하신 당사자일 뿐만 아니라 그 숙명적인 삶을 주관하셨고 성경에 기록으로 남기셨기 때문이죠. 쉽게 말하자면 '그림 맞추기 퍼즐'에서 전체 그림과 함께 모든 조각이 구비되어 있는 것과 같은 이치입니다.

잘 아시다시피 **성경**은 하나님의 '계시'(啓示, revelation, 인간의 지혜로 알 수 없는 진리를 하나님이 깨우쳐 알려주심)가 담긴 역사책이며 인간에게 주신 최고의 선물입니다. 가령 어느 집안의 신실한 가장(家長)이 임종을 맞게 되었다고 칩시다. 살아 있을 때 유가족에게 남길 '유언장'을 작성하겠죠. 그가 세상을 떠난 뒤에 그들은 거기에 적힌 내용을 꼼꼼하게 읽고 나서 고이 간직할 것입니다. 하지만 그 가장을 까닭 없이 미워하던 사람이 "당신네 아버지 유언장에 적힌 이러이러한 내용은 사실이 아니고 내 말이 진짜야."라고 주장할 때 그들은 어떤 반응을 보여야 할까요? 신실한 자녀라면 아버지 유언대로 믿고 따르겠지요. 반대로 의심이 많은 자녀라면 그 사람의 말을 더 신뢰할 것입니다. 유감스럽게도 오늘날 상당수 기독교인은 사람의 유언과 감히 비교할 수 없이 소중한 '하나님의 말씀'을 믿지 못하고 후자(後者)와 같은 행동을 취했습니다. 즉 하나님께서 선포하신 '창조 사실'을 팽개치고 불신자들이 주장하는 '진화 가설'을 선택한 것입니다. 그 가설이 비합리적이고 허무맹랑할지라도 소위 '과학'으로 포장했으니까요.

창조주 하나님은 전지전능(全知全能)하신 분입니다. 온 우주를 6일 만에 창조하셨고 대략 1,700년 뒤에 지구에 대홍수 심판을 내리셨습니다. 그리고 이런 사실을 성경에 적어놓으셨습니다. 초대 교부와 중세 신학자, 종교개혁자들(루터, 칼뱅, 멜란히톤, 츠빙글리, 존 낙스, 존 번연 등)은 아무런 의

심도 없이 이것을 믿었고요. 심지어 1771년에 발간된 『**브리태니커 백과사전**』에도 '6일 창조'와 '노아 대홍수 사건'을 실제로 일어난 역사로 기록하고 있습니다. 그렇지만 18세기 **계몽주의**가 등장하여 상황이 반전되었지요. 그 결과 성경보다 인간의 이성을 우선순위에 두었습니다(이를 계기로 사람들은 '성경의 연대기' 대신 '이집트 연대기'를 표준으로 삼았다. 특히 이집트 학자 **샹폴리옹**(J.F.Champollion, 1790-1830, 프랑스인)이 **로제타스톤**(1799년 로제타 마을 부근에서 발견된 현무암으로 그 크기는 114cm×72cm)에 기록된 상형문자를 해독한 것이 결정적 계기가 되었다. 그가 성경과 이집트 연대를 비교해 보고 나서 두 연대 사이에 600-1,000년이라는 오차가 생겼다고 주장하자, 사람들은 성경에 오류가 있다고 여기게 된 것이다. 그렇지만 로제타스톤에 기록된 이집트 파라오 **셰숑크 2세**(Sheshonk II)가 성경(대하 12장)에 기록된 **시삭**(Shishak)이라고 생각한 것이 그의 실수였다. 결국 샹폴리옹의 잘못으로 이런 오차가 난 것으로 판명되었고 성경 기록이 역사적 사실로 재차 증명되었음). 이 사상은 지질학에도 영향을 주어 **제임스 허튼**(J.Hutton)과 **찰스 라이엘**(C.Lyell)등이 노아 대홍수를 부인하고 '**동일과정설**'(同一過程說, uniformitarianism, '현재 일어나는 지질 현상이 과거에도 똑같이 일어났으므로 이를 통해 과거를 알 수 있다.'는 것 즉 '**현재는 과거를 아는 열쇠이다.**'(영어로 The present is the key to the past)라는 이론. 성경은 《베드로후서》 3장 4절(그분께서 오신다는 약속이 어디 있느냐? 조상들이 잠든 이래로 모든 것이 창조의 시작 이후로 있었던 것같이 그대로 계속되느니라)을 통해 말세에 주님의 재림을 조롱하며 이런 사상이 활개 칠 것이라고 분명하게 보여줌)을 주장하였습니다. **다윈**은 이 동일과정설을 생물학에 접목시켜 드디어 **진화론**(혹은 진화 가설)이 등장한 것입니다.

점차 교회에서도 진화론을 수용하여 성경과 진화론을 결합한 소위 '**타협이론'(compromise theory)이 우후죽순처럼 생겨났습니다. 여기에는 '**유신진화론**'(theistic evolutionism, 하나님이 수십억 년 동안 진화를 통해 이 세상을 창조하셨다는 이론), '**점진적 창조론**'(progressive creationism, 하나님이 지질시대(고생대, 중생대, 신생대)에 따라 창조와 진화를 되풀이하셨다는 이론), '**간격이론**'(gap theory, 혹은 **재창조설**, 『창세기』 1장 1절과 2절 사이에 수십억 년의 간격(혹은 틈)이 있다는 이론), '**다중격변설**'(multiple cataclysm, 창조와 멸종이 되풀이될 때마다 격변이 있었다는 이론) 등이 포함됩니다. 타협이론을 받아들이면, 창세 전에 이미 생명체의 죽음이 있었다는 것을 인정하므로 다음과 같이 진리를 심하게 왜곡시킵니다. 천지를 창조하시고 "보시기에 좋았더라."고 하신 주님의 말씀에 합당하지 않습니다(창1장). 또한 "첫 번째 사람 아담의 죄로 인해 죽음이 왔다."는 말씀(롬5:12)과도 모순됩니다. 그 결과 십자가에서 피를 흘리신 둘째 아담 예수님의 희생(롬5:18-19)은 헛될 뿐입니다. 종말이 다가올수록 이렇게 진화론이 득세하여 기독교 신앙의 근본을 무너뜨리고 있습니다. 유럽과 미국 교회는 타협이론을 수용하여 거의 모든 젊은이들이 교회를 떠났습니다. 우리나라도 예외가 아닙니다. 결론적으로 우리 신앙을 지키기 위해서 '창조신앙을 회복하는 일'이 급선무입니다.

이런 혼돈의 시대에 필자는 막중한 책임감을 느낀 것입니다. 진화론의 민낯을 드러내고 창조신앙을 회복시켜야겠다는 일념으로 펜을 잡았습니다. 더구나 '하나님의 걸작품' 공룡이 진화론 선전 도구가 아닌 복음 전도의 수단이 되어야 하기 때문입니다. 부디 본서(本書)가 독자에게 진리를 제공할 뿐만 아니라 바른 세계관으로 안내하는 이정표가 되었으면 합니다.

이 책을 출간할 수 있게 지혜를 주시고 건강을 허락하신 주님께 먼저 영광을 돌립니다. 그리고 아래와 같이 여러 사람이 도움을 주었습니다. 집필을 시작할 수 있게 동기 부여를 해주신 분은 박희정 담임 목사님입니다. 몇 년 전 송구영신 예배 시간에 『요나와 꼬마 벌레』(성서유니온 선교회, 질 브리스코 지음, 이혜림 번역, 2011)라는 책을 소개하실 때 필자는 무릎을 '탁' 쳤습니다. '그래, 동물을 등장시켜 글을 쓰면 되겠구나!' 이를 계기로 멋진 아이디어가 떠올랐던 것입니다. 홍선겸 작가님은 내용에 부합한 그림을 완성시켰습니다. 귀한 달란트를 사용하여 작품을 알차게 그려내실 때마다 기쁨이 넘쳤지요. 그다음은 사랑하는 아내(손금숙 권사)와 두 자녀(위승연, 위은성)입니다. 곁에서 응원해 주어 가능했던 일입니다. 특히 아들은 글을 자세히 검토하는 수고를 아끼지 않았습니다. 또한 필자가 부재중일 때마다 대신 애쓰셨던 마취과 동료들(이형구, 김현명, 김갑동, 김동순, 김태준 원장님)과 임영신 실장에게도 고맙다는 인사말을 전하고 싶습니다. 끝으로 책을 충실하게 제작하신 가넷북스 김병호 대표님과 기획편집팀 담당자님, 디자인팀 양헌경, 김민지 님에게도 깊이 감사드립니다.

너는 진리의 말씀을 바르게 나누어 너 자신을 하나님께 인정받은 자로, 부끄러울 것이 없는 일꾼으로 나타내도록 연구하라 (딤후 2:1)

2025년 2월 위정복

프롤로그

제1장 외톨이가 된 까닭 그리고 소중한 친분을 맺음 014

제2장 첫 번째 만남 그리고 집안 소개하기 032

제3장 특별한 두 분을 만나다 060

제4장 리야단과 조우 그리고 여러 친구 집 둘러보기 076

제5장 두 번째 만남 그리고 천지창조, 죄를 지은 인간 086

제6장 🌱 세 번째 만남 그리고 노아시대 대홍수 114

제7장 🌱 네 번째 만남 그리고 빙하시대 이야기 148

제8장 🌱 동굴 인간을 만나다 168

제9장 🌱 마지막 만남 그리고 아쉬운 작별 176

에필로그

공룡 용어 풀이

참고 자료

참고 문헌

* 온라인을 통해 전자책을 구독할 수 있습니다.
* 본서에 기록된 성경 말씀은 『**킹제임스 흠정역**』(마제스티 에디션, 그리스도예수안에, 2021)에서 인용한 것입니다.
* 본서에 등장하는 공룡, 익룡, 수장룡의 이름은 필자가 세 음절을 사용하여 임의대로 지었음을 미리 알려드립니다.

제1장

- 날짜: B.C. 2050년 음력 2월 22일
- 날씨: 햇살이 따스하고 먼지폭풍이 없었음

외톨이가 된 까닭
그리고 소중한 친분을 맺음

오늘부터 일기를 쓰기 시작한 초식공룡 '**브라스**'(Bras)입니다. 이것을 자세히 기록하게 된 이유는 나중에 말씀드릴게요. 나로 말할 것 같으면, 키와 몸길이는 각각 13m, 24m에다 몸무게는 35톤에 가깝고요. 다른 공룡과 달리 앞다리가 뒷다리보다 깁니다. 자연에 대한 호기심이 많아 여기저기 돌아다니면서 주변을 관찰하기 좋아하죠. 그런데도 같이 살아갈 가족이 없어 종종 외로움이 밀려오기도 합니다.

현재 살고 있는 이 지역은 **트로픽랜드**(Tropic Land)입니다. 북쪽으로 **멜트산맥**(Melt range)이 자리를 잡고 있는데 그 중앙에 3,500m 높이의 **하이볼드산**(High-Bould

mountain)을 비롯하여 주변 산봉우리들이 빙하로 덮여 있어요. 트로픽랜드 고지대는 수십 미터 되는 소나무, 잣나무와 같은 침엽수림이 펼쳐져 있고 그 아래로 떡갈나무와 자작나무, 은행나무 등의 활엽수가 아름다운 숲을 이루어 장관입니다. 고사리, 쇠뜨기 같은 양치식물은 그 나무들 사이에 자리 잡고 있어요. 이렇게 식물이 잘 자라는 이유는 기후가 비교적 온화하고 평소에 비가 많이 내리기 때문이죠. 멜트산맥에서 시작해 서쪽 지중해로 흐르는 **라이프강**(Life river)은 폭이 약 100m이고 깊이는 6m가 넘어 목욕하기에 적당한 장소입니다. 그렇지만 밤에는 찬 공기가 몰려와 우리 활동이 둔해집니다. 가끔 앞이 안 보일 정도로 '먼지폭풍'이 불 때도 있고, 빙하가 녹아 산사태가 일어나기도 합니다.

태어난 곳은 북쪽으로 20km쯤 떨어진 **그린아이스**(Green Ice)입니다. 그곳은 **아이버그산맥**(I-Burg range)이 동서남북으로 길게 뻗어 있고요. 4,500m가 넘는 최고봉 **그린마운드산**(Green-Mound mountain) 꼭대기는 **고산빙하**(高山氷河, alpine glacier, 곡빙하라고도 함. 산 정상 부근에 있으며 계곡을 따라 하루에 몇 cm씩 이동함)가 문어발처럼 자리 잡고 있어요. 그 빙하가 서서히 내려오면서 완만한 곳에 **산록빙하**(山麓氷河, piedmont glacier, 하나 이상의 고산빙하가 이동하여 산기슭까지 내려온 것)를 만들었는데, 그 면적이 90,000m^{2}쯤 됩니다. 이 산록빙하 아래 양지바른 곳에 엄마 아빠는 낙엽을 깔아 둥지를 만드셨고요. 며칠 뒤 엄마는 거기에 알 일곱 개를 낳으셨대요.

어느 따사로운 봄날 알 속에서 감미로운 목소리를 들었어요. "우리 아가야, 넓은 세상으로 나올 때가 되었구나." 나도 모르게 소리가 나는 쪽 껍질을 입으로 톡톡 두드렸어요. 그러자 조그마한 구멍이 생기고 그 틈으로 상쾌한 공기가 슬며시 들어오는 거예요. 바깥 기운이 온몸을 부드럽게 감싸주니까 힘을 내어 구멍을 더 크게 만들 수 있었어요. 드디어 둥그런 집이 두 쪽으로 짝 갈라진 것

입니다. "아, 눈이 부실 정도로 밝은 세상이구나!" 몇 분이 흘러 환한 빛에 적응하자, 맨 먼저 엄마 아빠가 활짝 웃으시는 모습이 눈에 들어왔어요. 다른 동생들보다 먼저 태어났는데 알 두 개를 제외하고 모두 부화하였답니다. 처음 몇 년 동안 우리 가족은 그린아이스에서 살아가는 데 큰 어려움이 없었어요. 하지만 해가 갈수록 힘들어지는 것입니다. 열 식구로 늘어 양식이 모자랐기 때문이죠. 식구들은 머지않아 이곳을 떠날 때가 되었음을 직감했어요. 목적지는 먹이가 풍부한 남쪽 트로픽랜드였지요(필자는 트로픽랜드를 오늘날 북위 30° 근방 즉 이스라엘을 포함한 적도 지방으로 설정하였다. 현재는 건조한 땅이지만 브라스가 활동하던 때는 빙하기 말에 해당하므로 강수량이 많아 식물이 무성하고 다양한 동물이 번식하였을 것이다. 이와 비슷한 시기에 살았던 아브라함의 조카 롯 역시 이 지역인 요르단(혹은 요단) 평야에 대해 '물이 넉넉하고 주의 동산과 같다.'라고 평가하였음(창13:10)).

땅에서 연둣빛 새싹들이 비죽비죽 돋아나기 시작한 이듬해 봄에, 드디어 정든 고향을 떠나게 되었어요. 쉬운 일은 아니었지만 포기할 수 없었지요. 이동하기 전에 아빠는 '먼지폭풍'(dust storm)과 '빙하'가 걸림돌이 될 수 있다고 하셨어요. 막상 출발하자, 먼지폭풍은 없었어요. 문제는 아이버그산맥에 자리 잡은 빙하를 지나가야만 했어요. 날씨도 포근하여 얼음 지반이 약해졌을 것이므로 발을 조심스럽게 디딜 수밖에요. 그 지역을 절반 정도 통과했을 때, 내 몸길이보다 열다섯 배나 긴 얼음 다리가 앞을 가로막고 있더군요. 폭이 좁고 조금 기울어져 있었어요. 다른 길은 너무 멀어 식구들은 다리 쪽으로 한 발 한 발 내딛기 시작한 것입니다.

앞장서신 아빠를 따라 동생들이 다리 한복판을 지나가고 엄마와 나는 입구에 들어서는 순간이었어요. 갑자기 '쩍' 소리와 함께 발바닥에서 강한 진동을 느꼈어요. "맙소사! 왜 이러지?" 몇 초 후에 우리가 서 있는 빙하는 조금씩 밑으로 움직이기 시작한 거예요. 온 가족은 당황하였고, 나도 급히 "엄마 아빠 위험해요!"라고 외쳤어요. 동시에 몸을 반대 방향으로 홱 돌리자마자, 그 다리는 무너져 빠르게 밑으로 떨어지고 말았어요. 나를 제외한 나머지 식구는 폭이 30m가 넘는 **크레바스**(crevasse, 빙하가 응력(應力, 물체 외부에서 힘을 주었을 때 내부에 생기는 저항력)을 받아 생긴 틈) 속으로 곤두박질친 것입니다. 바닥은 깊어서 보이지도 않고, 안에서 살려달라고 절규하는 소리만 메아리쳤어요. 크레바스 가장자리에서 흑흑 울면서 목이 쉬도록 식구 이름을 불렀으나, 아무 소용이 없었어요. 밤이 깊어갈수록 밑에서 올라오는 소리는 점차 잦아들었어요. 동틀 무렵에는 무서울 정도로 조용한 것입니다.

차가운 빙하 위에서 뜬눈으로 밤을 새웠으므로 몸은 얼음덩어리처럼 굳어 버렸어요. 다행히 포근한 아침 햇살이 근육을 녹이자, 몸에 온기가 돌기 시작했죠. 몹시 지친 나머지 눈이 저절로 감겼어요. 그런데 가슴속 깊은 데서 익숙한 음성이 들리는 거예요. "브라스야, 너라도 살았으니 얼마나 다행이니!" "부디 트로픽랜드에서 우리를 대신하여 행복하게 살아다오." 너무나 애타게 기다리던 목소리였어요. "사랑하는 엄마 아빠, 꼭 그럴게요." 나도 모르게 기운이 솟아 네 다리와 꼬리에 힘을 주고 일어선 것입니다. 그러자 두 눈에 고인 눈물이 얼음 위에 뚝뚝 떨어졌어요. 그 눈물이 차츰 얼음으로 변하는 광경을 보면서 생각했어요. '이제 나도 저 눈물처럼 새로운 환경에 잘 적응해야겠구나.' 오른쪽 길로 한 걸음씩 발을 옮겼어요. 지칠 때마다 식구 얼굴을 떠올리면서요.

　빙하를 무사히 건너니, 저 멀리 트로픽랜드를 상징하는 하이볼드 산봉우리가 눈에 들어온 것입니다. 해가 지기 전에 도착할 것 같았어요. 산길을 따라 관목림을 통과하고 산자락에 이르렀어요. 거기서부터 넓은 초원 지대가 펼쳐진 거예요. 그런데 그 안에 수천 마리의 **매머드**(mammoth. **맘모스라고도 함**. 마스토돈. 아프리카코끼리, 인도코끼리와 함께 장비류(長鼻類, 긴 코를 지닌 동물)에 속한다. 다른 장비류에 비해 커다랗게 휘어진 엄니(상아)를 지녔음)가 떼를 이루어 식사를 즐기고 있었어요! 길 오른쪽에는 긴 갈색 털을 지닌 **울리 매머드**(woolly mammoth. 혹은 **털매머드**. 털은 약 1m까지 자라남)가 자리를 차지하였고, 왼쪽은 털이 없는 **컬럼비안 매머드**(columbian mammoth)였어요. 매머드는 코끼리와 닮았지만, 다른 점도 있더군요. 머리와 등에 혹이 있고 등이 뒤쪽으로 기울어

졌어요. 길 근처에도 여러 울리 매머드가 풀을 뜯어 먹고 있었는데 그중에 한 마리가 돋보였어요. U자 모양의 하얀 상아 한 쌍이 햇빛을 받아 더욱 반짝거렸어요. "와, 눈부실 정도로 예쁘구나!" 넋이 빠져 쳐다보고 있을 때 그 울리 매머드가 고개를 들었어요. 그 순간 이마 한가운데에 매머드 눈알 크기의 흰 반점 하나가 선명하게 보이는 거예요. 나를 슬쩍 쳐다보더니, 부끄러운 듯 몸을 휙 돌려 뛰기 시작했어요. 뒷모습도 귀엽더군요. 초원을 뒤로 하고 습지를 통과하여 결국 목적지에 도착한 것입니다.

3년이 지났어도 온 가족을 잃었던 그 당시 상황을 떠올릴 때면 눈물이 글썽거립니다. 처음에는 눈치를 보면서 살 수밖에요. 다른 공룡이 먹다 남긴 풀이나 잎사귀를 뜯어 먹으면서 굶주린 배를 채웠어요. 먹이 하나를 두고 서로 으르렁거리며 다투는 장면을 몇 번 봤어요. **파라스**가 떡갈나무 잎을 먹고 있을 때 욕심 많은 **케라스**가 뿔을 들이대며 먹이를 독차지하는가 하면, **오비라**가 날렵한 솜씨로 잡은 왕잠자리를 **티라스**가 살며시 다가와 가로채기도 했어요. 그렇지만 나에게는 시비를 걸지 않았죠. 몇 달 후에는 자연스럽게 그들과 한통속이 된 거예요. 그뿐만 아니라 새로운 역할도 맡았어요. 친구들 사이에 다툼이 생기면, 덩치가 큰 내가 해결사 노릇을 하게 되었다는 점입니다. 지금은 더 이상 싸우지 않고 친하게 지내고 있어요.

참, 트로픽랜드 친구들을 소개할게요. 나이는 여덟 살에서 열 살 정도입니다.

먼저 **티라스**(Tiras). 키와 몸길이는 각각 2m, 6m이고 무게가 3톤으로 작은 편입니다. 보통 다른 집안 공룡은 다섯 살쯤 되면 어미만큼 자라지만, 티라스는 열다섯 살이 넘어야 하기 때문이죠. 커다란 턱뼈와 치아를 지닌 대신 앞다리는 뒷다리에 비해 아주 가느다랗고 짧아요.

두 번째는 **스텔스**(Stels). 키가 3m, 길이는 9m, 몸무게는 4톤이죠. 목에서부터 꼬리까지 이어진 스무 개가량의 골판 덕분에 외모가 돋보입니다. 게다가 꼬리에는 네 개의 무시무시한 가시가 달려 있어요. 이것으로 육식공룡을 물리치기도 하죠.

세 번째 친구는 **파라스**(Paras). 키는 4m, 몸길이가 8m이고 무게는 3톤입니다. 오리처럼 생긴 입에다 머리에는 커다란 '볏'이 달려 있어요. 이 볏을 부풀려 듣기 좋은 소리를 만들기도 하지만 화가 나면 뜨거운 공기가 나와요. 이럴 때면 나도 오싹함을 느낍니다.

네 번째로 **오비라**(Ovira). 몸집이 작아 키는 80cm, 몸길이가 2m, 무게는 20kg이며 칠면조 크기입니다. 그런데 집안 이름이 특이해요. '알을 훔친 도둑'이라 뜻으로 '오비랍토르'(ovi(알)+raptor(훔치는 자))라고 부르죠. 왜 그렇게 이름을 지었는지 나도 모르겠어요.

다섯 번째 친구로 **케라스**(Keras). 키가 3m, 몸길이 6m, 무게는 3톤입니다. 머리를 보면 무시무시하죠. 주둥이 위에 작은 뿔이 있고, 양쪽 눈 위에 큰 뿔이 하나씩 있어요. 겉보기에는 무섭게 보여도 성격이 순합니다.

마지막으로 소개할 두 친구는 각각 공중을 날고, 물속에서 살아가고 있어요(날개를 지닌 익룡과 물에 사는 어룡, 수장룡은 모두 파충류에 속하지만, 공룡 범주에서 제외되기도 함).

하늘을 비상하는 **케찰스**(Quetzals). 날개폭이 12m, 몸무게는 135kg입니다. 날개는 두께가 1mm 정도 되는 피부막인데, 길게 자란 네 번째 발가락에 붙어 있어요. 멀리까지 훨훨 날아다닐 수 있어 그저 부러울 뿐입니다.

물에 사는 **엘라스**(Elas). 몸길이 10m, 무게가 2톤입니다. 일흔두 개의 뼈로 이루어진 목은 6m에 달하며 몸체보다 길어요. 네 개의 지느러미발을 이용해 헤엄을 잘 칩니다.

이렇게 우리는 여덟 친구입니다. 이 중에서 **티라스**와 **오비라**는 장차 알을 낳을 수 있을 거예요. 트로픽랜드에서 뛰어놀다가 헤어지면, 낮은 언덕 위에 있는 보금자리가 나를 반겨줍니다. 바닥은 돌멩이가 없고 아늑한 곳이죠. 밤이 되어

제1장 외톨이가 된 까닭 그리고 소중한 친분을 맺음   23

졸리면 배를 땅에 대고 목은 뒤로 돌려 몸통에 붙입니다. 그러면 슬며시 눈꺼풀이 감깁니다. 쉽게 잠들지 못할 때는 외로움을 달래주는 벗이 있어요. 바로 큰곰자리(국자 모양의 북두칠성도 큰곰자리에 속함)와 용자리, 세페우스자리, 기린자리 별들이죠. 밝게 보이는 순으로 별을 헤아리다가도 문득문득 궁금증이 스쳐 지나갑니다. '밤하늘을 수놓은 저 별들은 언제부터 자기 자리를 지키고 있었을까?' '수많은 별 중에서 가슴에 응어리진 내 슬픔을 아는 별이 몇 개나 될까?'

보름달이 서쪽으로 넘어가던 어느 늦은 밤에 기상천외한 사건을 겪었어요. 잠결에 바스락거리는 소리를 들은 거예요. 몸은 움직이지 않고 가느다랗게 실눈만 떴어요. 글쎄 내 몸길이만큼 떨어진 뒤쪽에 은발 머리털에다 금빛 옷을 입은 사람이 우뚝 서 있는 게 아니겠어요! 왼손에는 깃털 뭉치를 쥐고 있었죠. 그 순간 두 눈을 부릅뜰 수밖에요. 그분 오른쪽으로 새 한 마리도 보였어요. 노랑 부리와 검은 두 다리를 제외하고 온통 하얀색을 띠고 있더군요. 화들짝 놀라 자리에서 벌떡 일어났어요. 그러자 그 사람은 오른손을 위아래로 천천히 저으면서 나를 진정시키는 거예요. 달빛 아래 인자한 그분의 얼굴을 보고 나서야 비로소 안심했어요. 내가 잠자코 있자, 그는 왼손에 쥐고 있던 깃털 뭉치를 내 등에 확 뿌렸죠. 순식간에 그 뭉치가 커다랗고 하얀 날개로 변해 등에 붙었어요! 이어서 그분은 "지금부터 브라스는 미래로 시간 여행을 할 텐데, 이 새를 끝까지 따라가면 복된 일이 있을 거야."라고 말씀하신 것입니다. 어안이 벙벙하고 놀랐지만 엉겁결에 날갯짓을 해보았어요. 믿을 수 없을 만큼 몸이 가볍고 땅에서 붕 뜨는 거예요. "오, 정말 풀풀 날 수 있겠구나!" 너무 기쁜 나머지, 주변을 빙빙 몇 바퀴 돌다가 조심스레 날개를 접었어요. 그사이에 사람은 보이지 않고, 새만 남아 있었지요. 크기는 케찰스와 비슷했지만, 날개를 이루는 피부막이 더 튼튼하게 보였어요. 그 새는 보란 듯이 날개를 쫙 펴고서 동쪽으로 날기 시작했어요. 나도 날갯죽지에 힘을 주고 뒤따라갔지요. 몇 시간 동안 비행한 뒤에 다시 남쪽으로 방향을 돌리자, 아담한 도시가 보이는 것입니다. 이제 길잡이 새는 속도를 줄이고 낮게 날았어요. 이어서 노랑 부리로 형광 불빛이 새어 나오는 집을 가리켰어요.

그 근처에서 날개를 접었어요. 하지만 지면에 발을 디디는 순간부터 숨이 턱 막히더군요. 탁한 공기 때문이었어요. 주변 시야도 뿌옇고 퀴퀴한 냄새까지 내 코를 자극했어요. 그래도 앞으로 일어날 일을 기대하면서 꾹 참았지요. 그 집은 밤나무와 대나무 숲으로 이루어진 나직한 동산 아래에 자리 잡고 있었어요. 가까이 다가가서 5층 창문을 통해 안을 들여다보았지요. 다섯 평 남짓한 방인데 체크무늬 잠옷을 입은 사람이 침대에 누워 있었어요. 책상 오른쪽 진열대에는 물고기, 삼엽충, 암모나이트, 반으로 쪼개진 돌에다 여러 진기한 것들이 놓여 있었고, 왼쪽 책장에는 다양한 과학 서적으로 가득 채워져 있었어요.

그는 자리에서 일어나 눈을 감고 중얼중얼하더니 반 시간가량 의자에 앉아 어떤 책을 읽더군요. 나중에는 직사각형의 검은 물건을 편 다음, 무언가 쓰기 시작했어요. 왼편에 있는 짐승을 보면서 깨알 같은 글씨로 오른편 공간을 채우는 것입니다. 호기심이 발동하여 눈을 크게 뜨고 찬찬히 보았더니 그 짐승은 바로 나였어요! 잠시 어리둥절했지만, 용기 있게 창문 안쪽으로 머리를 밀어 넣고 "당신은 누구시죠?" "왜 내가 저곳에 있어요?" 하고 물었어요. 그분은 뒤돌아보면서 환한 표정으로 "오 브라스야, 반갑다. 나는 용 박사란다." "공룡에 관한 진실을 사람들에게 알려주기 위해 새벽마다 너를 기다리고 있었지."라고 말씀하셨어요. 그래서 내가 사는 지역의 산과 강의 모양뿐만 아니라 친구들 이름까지 알려드렸어요. 박사님도 "네 고향과 친구들도 알았으니 자주 만날 수 있겠구나."라고 하셨죠. 나는 그분께 구체적으로 만날 날짜와 시간, 장소까지 말씀드리자, 흔쾌히 승낙하셨어요. 마지막으로 그분이 말씀하시길 "브라스야, 네가 겪은 이야기를 날짜순으로 소상하게 기록하거라. 나중에 책으로 만들어 줄게." "자, 여기 공책 한 권과 연필 한 자루도 받으렴." 나에게 이보다 더 좋은 선물이 있을까요! 더구나 가슴에 품고 있었던 의문점까지 속 시원히 풀 수 있겠다 싶어 얼마나 기뻤는지요.

박사님과 헤어진 뒤에 다시 안내하는 새를 따라 집으로 향했어요. 트로픽랜드에 도착할 때는 이미 아침 해가 산등성 사이로 얼굴을 내밀기 시작했지요. 발바닥이 땅에 닿자마자, 언제 그랬냐는 듯이 날개가 사라지고 몸은 이전 상태로 돌아왔어요. 말할 수 없이 상쾌한 공기와 각종 식물이 나를 반겨주었지요. 친구들에게 이 신비한 체험을 말해주고 싶어 안달했어요. 그들에게 "꼭 할 말이 있어."라면서 불렀더니, 나를 중심으로 빙 둘러선 거예요. 말 한마디라도 놓칠세라 하나같이 두 귀를 쫑긋 세웠어요. 자초지종(自初至終, 처음부터 끝까지의 과정)을 들려주고 나서 박사님을 이곳으로 초청하면 좋겠다고 말했어요. 그러자 일제히 꼬리를 위아래로 흔들면서 찬성했지요. 박사님과 함께 정한 모임은 홀수 달 중에서 보름달이 뜨는 정오입니다. 오늘이 2월 22일이니 3주 후에 첫 만남이 이루어지겠군요. 그날은 동쪽 하늘에서 케찰스만 한 원형 물체가 어김없이 날아올 거예요. 바로 공룡 박사님을 태운 **타임머신**입니다.

미팅 장소는 엘라스가 쉽게 올 수 있게 물이 있는 두 곳으로 정했어요. 라이프강 하류에 있는 **리버록**(River rock)과 지중해 해변에 있는 **솔랜드**(Sole land)입니다. 리버록은 평평한 바위인데 어른 초식공룡 다섯 쌍이 머무를 수 있는 곳이죠. 특징적으로 이 바위에는 가로로 굵힌 수십 개의 줄이 선명하게 새겨져 있어요. 바닷가에 있는 솔랜드는 퇴적층으로 이루어진 지형인데, 북동쪽으로 5°쯤 경사져 있고요. 리버록보다 두 배 이상 넓고 늘 시원한 바람이 붑니다. 더구나 발자국 흔적과 알이 박혀 있어 꽤나 흥미로운 곳이죠. 맨 처음에는 리버록에서 만나기로 했어요.

제2장

- 날짜: B.C. 2050년 음력 3월 15일
- 날씨: 빙하가 녹아 강물이 불어났으나 먼지폭풍은 없었음

첫 번째 만남
그리고 집안 소개하기

박사님을 만난 뒤로부터 주변 환경이 온통 새롭게 보였어요. 평소에 먹던 풀과 열매는 더 달콤한 거예요. 보금자리 근처 풀밭에서 스멀스멀 올라오는 꽃 향기가 코끝을 자극하여 기분까지 상쾌해졌어요. 해가 떠오르고 난 뒤에도 한 시간 동안이나 그 향기에 취해 있었죠. 그러다가 모임 장소로 가기 위해 일어 났어요. 꼬리를 쳐들고 사뿐사뿐 걸으면서 생각했지요. '오늘은 첫 번째 모임인 데 어떤 이야기를 나눌까?' 숲 입구에 들어서자, 싱그러운 아이디어가 떠올랐 어요. '맞아, 인간은 우리 공룡에 대해 관심이 높을 거야. 그러니 각자 소개하는 시간을 가지면 되겠구나.'

활엽수 숲을 지나 고사리가 수북한 잣나무 지역을 통과하면, 리버록으로 향하는 길이 이어집니다. 물론 잣나무 숲 대신 관목림을 가로지르면 좀 더 일찍 닿을 수 있어요. 이 두 가지 길은 모두 **드래건 폭포**(Dragon fall)에서 만나게 됩니다. 폭포 근처에서 여러 동물을 만났어요. 우선 화초 잎에서 쉬고 있는 장수잠자리와 참나무에 붙은 청개구리가 보였어요. 몇 걸음을 옮기니 길가 떡갈나무에서 내 엄지발가락 크기의 왕사슴벌레가 큰 턱을 움직여 도토리받침 속에 담긴 이슬을 먹고 있더군요. 백 걸음쯤 더 걸어가자, 숲 안쪽으로 길게 뻗은 잣나무 가지 하나가 유난히 반짝거렸어요. 가까이 다가갔지요. 알주머니에서 갓 깨어난 거미 새끼 수백 마리가 뽑은 거미줄이 그렇게 보인 거예요. 거미들은 줄 끝마다 대롱대롱 매달려 있었고요. 어떤 거미는 다른 거미보다 두 배나 길게 늘어져 있었어요. 잠시 후 나뭇잎이 뒤집힐 정도로 남풍(南風)이 훅 불었죠. 그러자 거미줄이 한꺼번에 뚝 끊어진 다음 북쪽 하늘을 향해 둥실둥실 떠오르는 것입니다. "오, 날개가 없어도 새처럼 날 수 있구나!" 마치 우리 모임을 축하하기 위해 펼쳐 보이는 비행쇼 같았어요.(거미가 '부유사'(浮遊絲)라고 부르는 거미줄을 이용해 이동하는 것을 **유사비행**이라고 하는데 이 방법으로 수십 킬로미터까지 이동할 수 있고 상공으로 수 킬로미터 높이까지 날 수 있음).

폭포 물줄기는 내 몸보다 세 배가량 길고 폭은 절반쯤 될까 말까 했어요. 그 폭포에서 강 하류 쪽으로 삼백 걸음쯤 걸어갔더니 약속 장소가 있었어요. 엘라스는 이미 도착했었죠. 잠시 후에 파라스가 콧노래를 부르면서 맨 앞에 나타났고, 케찰스를 제외한 다른 친구들이 몰려왔어요. 서로 코를 비벼대며 인사를 하고 있을 때 주변이 갑자기 어두워졌어요. 케찰스의 거대한 날개가 태양을 가렸으니까요.

친구들: 케찰스야, 안녕!

케찰스: 친구들아, 안녕! 엄마 아빠 날개깃을 손질하다가 약속 시간을 까먹은 거야.

브라스: 그래도 날개가 있어서 곧장 올 수 있었군.

케라스: 나도 뿔 대신 날개가 있으면 얼마나 좋을까!

케찰스: 네 머리에 난 뿔 세 개도 쓰임새가 많을 것 같고 멋져 보이는데?

브라스: 케라스 뿔은 명품이지. 오늘 박사님과 첫 모임인데 엘라스가 맨 먼저 도착했구나.

엘라스: 응, 어젯밤 라이프강 물이 불어나 평소보다 많은 흙탕물이 바다로 흘러들어온 거야. 내가 살고 있는 환경에 대해 이런저런 생각에 잠기다 보니, 밤잠을 설쳤어.

스텔스: 맞아, 요즈음 날씨가 더워지면서 빙하 두께가 더 얇아진 것 같더라. 이것이 다 녹으면 우리가 사는 곳은 어떻게 될까?

브라스: 글쎄 나도 궁금해. 나중에 박사님께 물어보자. 그분이 오시기 전까지 자기 가문(家門)을 소개하고 거기에 얽힌 이야기를 나누면 어떨까?

친구들: 그게 좋겠다!

브라스: 그럼 내가 순서를 정할게. 티라스를 시작으로 스텔스, 파라스, 오비라가 하고 그다음은 케라스, 케찰스, 엘라스가 하면 되겠다. 나는 맨 나중이야.

티라스 가문

길이가 10cm나 되는 이빨들이 촘촘히 박힌 큰 턱에다 치아는 톱니처럼 생겼다. **창조주**(創造主, Creator, 혹은 **주님**)께서 천지를 만드신 다음, 사람과 모든 동물이 채식만 하도록 허락하셨으므로 티라스 조상도 채식을 했을 것이다(창1:30). 그렇지만 창조 후 1,656년(B.C. 2348) 뒤에 있었던 '대홍수'로 인해 온화한 기후 시스템이 붕괴되어 지금처럼 추위와 더위가 생겨났다. 그분은 이런 열악한 환경에 적응하도록 사람과 동물에게 육식을 허용하셨다(창9:3).

티라스: 나는 티라노사우루스(Tyrannosaurus 혹은 T.Rex) 집안의 육식공룡이야. 앞으로 5년 후에 어른이 되면 나도 알을 낳을 수 있어. 게다가 이 턱이 무는 힘은 '스밀로돈'(Smilodon, 지금은 멸종된 검치호랑이의 대표 종이며 크고 긴 송곳니를 지님)보다 열다섯 배나 강해질 거야. 지금도 뼈까지 오도독거리며 먹을 수 있지. 치아는 날카롭고 길어서 한번 물면 놓치는 법이 없어. 단지 커다란 머리에 비해 앞다리가 가늘고 짧을 뿐이야(자료 1 참조). 우리 친척으로는 타르보사우루스(Tarbosaurus), 알로사우루스(Allosaurus) 등이란다.

오비라: 턱 근육의 힘이 그 정도로 강하니?

티라스: 그렇지, 철판도 종잇장처럼 구길 수 있어.

브라스: 어떻게 그런 놀라운 힘이 나오는 거야?

티라스: 위턱과 아래턱에서 가하는 힘의 위치가 다르기 때문이지.

브라스: 오, 턱 구조가 독특해 막강한 힘이 나오는구나. 다음은 스텔스 차례야.

스텔스 가문

목에서 시작하여 등, 꼬리까지 약 스무 개의 골판이 이어져 있다. 그 형태는 오각형인데 큰 것은 길이와 폭이 70cm×80cm가량 된다. 꼬리에는 두 쌍의 '가시 뼈'가 있는데 어떤 것은 60cm 정도로 길다. 몸집에 비해 뇌는 워낙 작아 '호두알' 크기다. A.D. 12세기 말에서 13세기 초에 건설되었던 캄보디아 **타 프롬**(Ta Prohm) **사원**(시엠레아프에 있으며 앙코르 유적지 중의 하나)에서 스텔스 모습과 동일하게 조각한 형상이 발견되었다. 현존하는 백조, 앵무새, 물소, 사슴 등과 함께 새겨진 것으로 보아, 그 당시에도 스테고사우루스가 생존해 있었을 것이다(자료 2 참조).

스텔스: 안녕, 스테고사우루스(Stegosaurus) 집안 출신으로 초식공룡이야. 내 모습에서 마음에 드는 점은 '골판'과 '가시 뼈'란다. '지붕 도마뱀'이란 이름도 골판 때문에 얻게 되었어. 날씨가 더울 때 이것을 팔랑이면, 체온이 내려갈뿐더러 멀리서도 우리 식구들을 쉽게 찾을 수 있거든. 꼬리에 달린 가시는 방어하는 데 효과가 그만이야. 덩치가 큰 육식공룡이 우리에게 함부로 대들지 못하는 것도 이것이 있어서 그래. 사실 지난달에 알로스(알로사우루스)가 뒤에서 내 목을 물려고 했어. 얼른 옆으로 몸을 피하면서 이 가시로 그의 목을 쳤지. "아야!" 하고 외마디 비명

을 지르면서 얼른 도망치더군. 태어나서 딱 한 번 사용했는데 그렇게 효과가 뛰어난지 처음 알았어. 하지만 앞니가 없어서 부드러운 잎사귀나 열매만 먹을 수 있단다. 스켈리도사우루스(Scelidosaurus), 켄트로사우루스(Kentrosaurus), 투오지앙고사우루스(Tuojiangosaurus) 등이 우리 친척이지.

티라스: 맙소사! 꼬리에 달린 무기로 우리 친척을 물리쳤다고? 네 이야기를 듣고 보니 내 등골까지 오싹해지는군.

스텔스: 호호호, 우리는 친구니까 서로 싸울 일은 없겠지?

브라스: 창조주는 참 공평하신 것 같아. 성격이 온순한 너희 집안을 보호하기 위해 무시무시한 가시를 달아주셨구나. 그럼 이번에는 파라스 이야기를 들어볼까?

파라스 가문

머리에 긴 볏이 있는데 코와 연결되어 머리 뒤쪽까지 뻗어 있다. 이것은 소리를 증폭시켜 같은 종족끼리 의사소통을 하거나 다른 종족과 구별하는 역할을 했을 것이다. 또한 창조과학자들은 특별한 기능 하나 더 지녔을 것으로 여긴다. 사람 손톱 크기의 **폭탄딱정벌레**가 그 본보기라 할 수 있다. 이 벌레는 서로 다른 분비샘에서 두 가지 물질(과산화수소, 하이드로퀴논)을 만들어 각각 다른 저정낭에 보관한다. 평소에는 이것들이 섞여도 아무런 반응이 일어나지 않지만 위협을 받으면 '카탈라아제'(catalase)와 '페록시다아제'(peroxidase)라는 두 종류의 효소가 촉매제로 작용하여 100℃에 가까운 물질을 발사한다. 파라스의 볏도 이런 역할을 했을 것으로 본다(자료 3 참조).

파라스: 파라사우롤로푸스(Parasaurolophus) 집안이며 초식공룡이야. 내 머리에는 특별한 볏이 자리 잡고 있어. 너희들과 같이 오면서 내가 불렀던 흥겨운 콧노래는 다 여기서 만들어 낸 거야. 그렇지만 육식공룡이 덤벼들면 뜨거운 가스를 내뿜어 혼을 내주지. 이 볏은 가문의 자랑이므로 숲속을 거닐 때 나뭇가지에 부딪히지 않도록 조심해야 해. 큰 상처라도 입으면 출혈이 심해 목숨까지 위험할 수 있거든. 우리 친척으로는 에드몬토사우루스(Edmontosaurus), 친타오사우루스(Tsintaosaurus), 코리토사우루스(Corythosaurus), 람베오사우루스(Lambeosaurus) 등이지.

오비라: 애고, 파라스가 화를 내면 이 몸은 순식간에 '공룡 구이'가 되어버리

겠어!

파라스: (피식 웃으면서) 어디 한번 '공룡 구이'를 만들어 볼까?

오비라: (움찔하면서) 농담이라도 그런 말 듣기 싫어!

브라스: 알고 보니 굉장하군. 나는 덩치만 클 뿐 별다른 무기가 없는데 말이야.

파라스: 브라스야, 오히려 네 몸집이 부러운데? 거대한 몸뚱이로 밀어붙이면 트로픽랜드에서 너를 이길 자가 없겠어.

브라스: 정말? 큰 덩치도 무기가 될 수 있구나. 이제 오비라가 이야기할 차례야.

오비라 가문

A.D. 1922년 몽골 고비 사막에서 미국 고고학자 **앤드루스**(Roy Chapman Andrews, 1884-1960)는 '오비랍토르가 프로토케라톱스의 알을 품고 있다.'고 여기는 화석을 발견했다. 그래서 그는 오비랍토르가 프로토케라톱스의 알을 훔쳤을 것으로 단정하여 그 공룡을 '알 도둑'이라는 뜻으로 '오비랍토르'라고 불렀다. 그런데 70년이 지난 1990년대에 그 진실이 밝혀졌다. 프로토케라톱스의 알이 아니고 오비랍토르의 알이었다. 즉 어미가 알을 낳은 후에 그것을 헌신적으로 지킨 것이다.

오비라: 나를 소개하자면, 오비랍토르(Oviraptor) 집안에서 태어난 잡식공룡이야. 티라스와 마찬가지로 알을 낳을 수 있지. 처음에 어떤 미국 사람이 이름을 잘못 지어 억울한 누명을 쓰게 되었다고 박사님이 말씀하셨어. 몽골에서 발견된 화석을 자세히 보니, 어미가 팔을 벌려 알을

보호하는 자세였다고 하더라. 위급한 상황에서 알을 필사적으로 지키려다가 그만 화석이 되었겠지. 게다가 알 하나를 정밀하게 관찰하니까, 그 속에 어미를 닮은 새끼가 있다는 사실도 알아낸 거야. 그래서 말인데 이번 기회에 우리 집안 이름을 '오비프로텍터'(Oviprotector)라든가 '오비디펜서'(Ovidefensor)로 바꾸었으면 좋겠어. 그리고 입을 크게 벌릴 테니 내 입속이 어떻게 생겼는지 살펴보렴. "아~" 어때? 이빨이 없고 대신 위턱에 두 개의 돌기가 나 있지? 이것으로 알과 음식물을 쉽게 잡을 수 있어. 테리지노사우루스(Therizinosaurus), 스트루티오미무

|||| 스(Struthiomimus), 갈리미무스(Gallimimus) 등이 우리 친척이야.

브라스: 네 이름을 부를 때마다 나쁜 이미지가 떠올랐는데 그런 억울한 사연이 있었구나. 친구들아, 이왕 말 나온 김에 박사님께 개명(改名. 원래 이름을 고쳐 지음)을 부탁해 볼까? 바쁘시겠지만 우리가 간청하면 들어주실 수도 있겠다.

친구들: 맞아, 그렇게 하자.

오비라: 눈물이 핑 돌 정도로 고마워!

브라스: 이름이 바뀐다면 네 모습도 덩달아 근사하게 보일 거야. 자, 케라스 이야기를 들어보자.

케라스 가문

특징적으로 얼굴에 세 개의 뿔이 있는데 긴 것은 1.3m까지 자란다. 목 주변에는 '프릴'(frill)이라는 주름도 있다. 성장하면서 뿔의 크기와 각도뿐만 아니라 프릴 모양이 달라져 고생물학자들은 서로 다른 종으로 잘못 분류하기도 했다.

케라스: '뿔 공룡'에 속하며 트리케라톱스(Triceratops) 집안 출신이 바로 나야. 우리 가문의 자랑거리는 역시 세 개의 뿔이지. 이것으로 나뭇가지를 옮기기도 하지만 괴롭히는 공룡을 물리치는 데도 효과가 만점이야. 트로픽랜드를 걸어 다닐 때면 우연히 마주친 티라스 집안 공룡도 슬슬 피하더군. 그렇긴 해도 풀과 나뭇잎, 열매만 먹는 초식공룡일 뿐이야. '목주름'(프릴)도 소개하지 않을 수 없지. 뼈로 되어 있고 가장자리에는 뾰족한 돌기가 나 있어. 이 주름은 머리를 크고 우아하게 보여주

는 장식이야. 스티라코사우루스(Styracosaurus), 토로사우루스(Torosaurus) 가 우리와 친척 관계란다.

스텔스: 나는 몸에 비해 머리가 아주 작지만, 케라스는 주름장식이 있어서 크게 보여. 머리 크기가 2m 넘겠구나. 걸어 다닐 때 몸이 무겁지 않니?

케라스: 물론 무거워서 동작이 느릴 수밖에 없어. 대신 활짝 펼친 수컷 공작 꼬리처럼 멋지게 보이니까 만족하는 거야.

스텔스: 지금 생각해 보니, 내 등에도 예쁜 골판이 있는데 괜히 케라스를 부러워했군.

브라스: 스텔스와 케라스 모두 독특한 매력이 있어. 그런데 케라스 뿔에 찔리지 않게 우리 조심해야겠어.

케라스: 나도 너희들이 다치지 않도록 주의할게.

브라스: 고마워. 다음은 하늘을 나는 케찰스 이야기가 궁금하지 않니?

케찰스 가문

'케찰코아틀루스'('날개를 가진 큰 뱀'이란 뜻을 지님)라는 명칭은 남미 아즈텍(Aztec, A.D. 15C부터 16C 초까지 현재 멕시코 중부와 남부 지역을 지배했던 부족) 신화에서 인용한 것이다. 몸집이 커서 날개폭은 12-15m나 되었다. 웬만한 전투기 날개와 견줄 수 있다. 미국, 캐나다, 영국 등지에서 화석을 발견했다. 또한 지금 날아다니는 새처럼 좌우 날개 전방에 '보조 날개'를 하나씩 지니고 있어 연착륙할 수 있었을 것이다(자료 4 참조).

제2장 첫 번째 만남 그리고 집안 소개하기

케찰스: 난 케찰코아틀루스(Quetzalcoatlus) 집안에서 태어난 익룡이야. 지상에서 우리보다 큰 덩치를 가진 날짐승은 아마 없을 거야. 우리 조상이 공중을 쉽게 날아다닐 수 있었던 것은 창조주께서 처음 대기 환경을 알맞게 조성하셨기 때문이라고 들었어. 즉 대홍수 전에는 지구 전체를 덮는 '궁창(혹은 하늘) 위의 물층'이 있어서 가능했을 거야(창1:7). 지금은 그것이 없어졌으므로 우리보다 작은 익룡이 살아남기 쉬웠겠다. A.D. 1800년대에도 체구가 작은 **프테로닥틸루스**(Pterodactylus)가 미국에서 생존했다고 하더라. 불쌍하게도 그 익룡은 남북전쟁 때 병사 일곱 명이 쏜 총에 맞아 쓰러지고 말았대(사실은 세 마리 익룡을 사살했다고 알려짐. 자료 5 참조). 몸길이가 45cm 정도이고 긴 꼬리를 지닌 **'람포링쿠스'**(Rhamphorhynchus)도 오래 살았을 것 같아. 우리 친척으로는 방금 이야기한 프테로닥틸루스, 람포링쿠스 외에도 프테라노돈(Pteranodon)이 있단다.

엘라스: 먼저 도착해서 너희들이 오는 모습을 지켜보고 있었지. 그런데 케찰스가 리버록에 착륙할 때 하마터면 날개로 브라스 목을 칠 뻔했어.

브라스: 맞아. 조금 전 목 근처에서 바람 소리가 휙 났었는데 바로 그것 때문이었구나!

케찰스: 깜짝 놀라게 해서 미안해. 대홍수 이전 환경이었다면 수월하게 내렸을 텐데. 다음에는 조심해서 연착륙할게.

브라스: 케찰스가 내려올 때는 우리도 하늘을 쳐다봐야겠어. 이번엔 오래 기다렸던 엘라스 순서야.

엘라스 가문

엘라스모사우루스는 수장룡(首長龍, 플레시오사우리아(Plesiosauria), 물속에서 살았던 목이 긴 파충류)에 속하며 미국, 캐나다 등지에서 화석이 발견되었다. 목이 길고 헤엄치기에 적당한 신체 구조를 지녔다.

엘라스: 드디어 내 순서가 되었구나. 엘라스모사우루스(Elasmosaurus) 집안에서 태어난 엘라스야. 오늘 모임을 얼마나 손꼽아 기다렸는지 몰라. 아침이 되니까 지느러미발이 어느새 리버룩 쪽을 향하고 있더라고. 사실 오비라 집안처럼 우리도 한 차례 수모를 겪었다고 박사님에게 들었어. 내 이야기가 좀 길어도 끝까지 들어보렴. A.D. 1870년경부터 약 20년 동안 미국에서 두 사람이 공룡 화석을 무더기로 발견했다는구나. 이들은 **코프**(E.D.Cope, 1840-1897)와 **마시**(O.C.Marsh, 1831-1899)인데 각자 공룡 사냥꾼을 고용하여 경쟁적으로 화석을 발굴했단다. 이것이 그 유명한 '**뼈 전쟁**'(Bone Wars)이야. 이런 전쟁의 시작은 우리 가문과 관련이 있어. A.D. 1869년 어느 아카데미에서 코프가 우리 조상의 뼈를 모아 11m 높이로 복원해 놓고 마시를 초청했지. 그런데 마시가 "당신은 엘라스모사우루스 머리를 꼬리에 잘못 붙였다."라고 지적한 거야. 코프는 자신의 실수를 인정하고 이미 발표한 논문을 곧바로 회수하려고 노력했지만, 허사였다고. 이 사건 이후로 두 사람은 수십 년 동안 공룡 화석을 찾아 '이름 짓는 시합'을 벌였대. 그러면서 같은 집안 공룡을 다른 집안 공룡인 것처럼 이름을 잘못 붙인 경우도 많았다고 해. 나중에 마시는 예일대학교 고생물학 교수가 되었지만, 학력이 없는 데다 말년에 돈이 필요했던 코프는 그동안 모은 화석 대부분을 팔아버린 거야. 게다가 그는 죽기 전에 "나의 뇌가 마시보다 더 크겠지?"라고 공개적으로 말했다는데 이 공룡이 보기에도 참 한심스러워! 코프가 죽자, 사람들은 정말 그의 뇌를 꺼내 무게를 측정했다고 하더라. 코프보다 2년 뒤에 사망한 마시는 죽기 전에 자기 머리뼈에 손대지 말도록 신신당부했다는구나. 결론적으로 뼈 전쟁에서 마시가 승리했다고 보면 맞을 거야. 친구들아, 우리 공룡 화석을 두고 사람들이

치고받는 이런 이야기가 제법 재미있지? 크로노사우루스(Kronosaurus), 모사사우루스(Mosasaurus) 등이 우리 친척이야.

오비라: 처음 듣는 얘기라서 흥미진진했어. 우리 가문은 '이름으로', 너희 가문은 '화석으로' 사람들 입방아에 오르내리게 되었구나.

케라스: 우리 집안도 뿔과 주름장식이 다양하다는 이유만으로 고생물학자들이 열여섯 가지나 다른 집안인 것처럼 분류해 놓았대. 어린 공룡이 어른으로 성장할 때 신체 구조가 달라지는 것은 당연한데 말이야.

티라스: 그렇구나. 나도 방금 생각이 났어. 처음에 우리 집안도 '마노스폰딜루스 기가스'(Manospondylus gigas, 1892년에 이름이 붙여짐)라고 했었지. 그런데 13년이 지난 A.D. 1905년에 '티라노사우루스'라는 새로운 이름이 등장한 거야. 나중에 알고 보니 서로 같은 집안이었어. 국제동물명명규약(International Code of Zoological Nomenclature, ICZN)에 의하면, 나중에 지은 이름을 사용하지 않는 것이 원칙이지만, 그 이름(티라노사우루스)을 워낙 많이 사용했기 때문에 그냥 둔 것이래(규약 부칙에 의함). 그렇지만 '폭군 도마뱀'이란 뜻을 지닌 '티라노사우루스'란 이름도 썩 마음에 들지는 않아(이 공룡은 머리와 뒷다리는 크지만, 앞다리가 짧아 사냥하는 데 상당한 제약이 있었을 것이다. 이를 바탕으로 혹자는 죽은 사체를 주로 먹었을 것으로 추측하기도 한다. 그러나 영화나 책에서는 흥미를 돋우기 위해 매우 폭력적인 공룡으로만 묘사해 왔음).

브라스: 그런 사연이 있었군. 인간은 자주 실수하는 존재인가 봐. 마지막으로 내 차례야.

브라스 가문

앞다리가 뒷다리보다 길어 등이 기린처럼 경사져 있는데 '팔 도마뱀'이라는 이름도 이런 특징에서 유래했다. 또한 거대한 몸통과 긴 목, 꼬리를 지녔다. 따라서 높은 곳에 있는 먹이를 쉽게 얻고 머리와 꼬리를 잘 움직일 수 있도록 창조주가 척추뼈는 가볍게, 머리와 뇌는 작게 지으셨을 것이다. 그 외에 육중한 몸통을 지탱할 수 있도록 무릎 관절은 뻣뻣하게 만드셨다. 미국 콜로라도주, 유타주에서 화석이 발견되었다.

브라스: 브라키오사우루스(Brachiosaurus) 집안이며 초식공룡이야. 너희도 잘 알다시피 내 앞다리 길이는 2m가 넘을걸? 그 덕분에 높이 달린 침엽수나 활엽수 잎도 잘 먹을 수 있는 거야. 콧구멍은 이렇게 코끝이 아닌 머리뼈 꼭대기에 있어 깊은 물 속에 들어가도 숨을 잘 쉴 수가 있단다. 너희들은 볼 수 없겠지만, 내 뱃속에 조약돌 수백 개가 들어 있다는 사실을 알고 있니? 잎사귀와 풀을 소화시키기 위해 삼킨 돌인데 이것을 **위석**(胃石, gastrolith)이라고 해. 박사님도 화석박물관에서 구입한 것을 가지고 계시는데 크기는 8cm×4cm×4cm 정도라고 들었어 (자료 6 참조). 우리 친척으로는 아파토사우루스(Apatosaurus), 디플로도쿠스(Diplodocus), 울트라사우루스(Ultrasaurus) 등이 있지.

티라스: 그 많은 돌을 지니고 다닌다니 참 신기하구나. 그런데 몸이 무겁지 않니?

브라스: 전혀 못 느껴. 어떤 친구는 무려 1,000개나 가지고 있는데 뭘.

케찰스: 하늘을 날 수 있도록 내 뼛속은 비어 있는데, 오히려 무거운 돌이 필요하다니! 우리 몸은 알아갈수록 신비로워. 브라스야, 혹시 돌이 반질반질해져 쓸모없으면 어떻게 하는 거야?

브라스: 해결책은 식은 죽 먹기야. 매끄러운 돌은 휙 뱉어버리고 거친 돌을 꿀꺽 삼키면 끝이거든.

케찰스: 그렇군. 하찮게 보이는 돌이라도 다 쓸모가 있구나.

브라스: 이 정도로 집안 소개를 마무리할까? 박사님이 오실 때가 되었어.

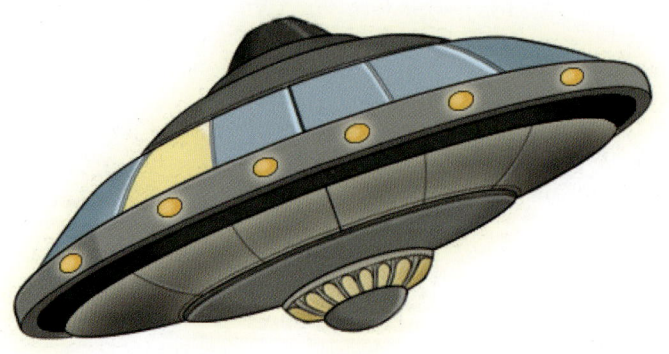

(이윽고 동쪽 하늘에서 타임머신이 나타나 리버록 근처에 사뿐히 내려앉았다)

친구들: 박사님, 안녕하세요?

용 박사: 그래, 안녕! 두 번째 만나는 친구들도 있군. 높은 데서 내려다보니, 리버록 주변 경치가 무척 아름답구나. 게다가 공기도 맑아 심신(心身)이 상쾌해지는 것 같다. 내가 살고 있는 곳은 대기오염이 심해 어떤 지역은 숨쉬기조차 힘들단다.

티라스: 우리처럼 덩치가 큰 짐승은 공기가 오염된 곳에서 오래 버틸 수 없겠어요.

용 박사: 그렇겠지. 브라스야, 지금까지 무슨 이야기를 나누고 있었니?

브라스: 각자 자기 집안 알리는 시간을 가졌어요.

용 박사: 이목을 끄는 이야깃거리를 택했구나. 대화를 나누면서 궁금한 점은 없었고?

오비라: 있어요. 현재 박사님과 함께 살고 있는 사람들은 우리를 어떻게 생각하나요?

용 박사: 인간은 너희들과 차원이 다른 존재란다. 자신의 **세계관**(世界觀, worldview)에 따라 동일한 자료를 두고 서로 다르게 판단하고 행동하지. 예컨대

너희 조상과 연관이 있는 화석 하나를 가지고도 진화론자는 '진화의 도구'로, 창조론자는 '창조의 도구'로 설명하는 거야. 진화론자는 약 2억 2,500만 년 전부터 6,500만 년 전까지(소위 중생대 지질시대인 삼첩기(혹은 트라이아스기)-쥐라기-백악기 연대) 공룡이 번성했고, 사람은 겨우 200만 년 전에 진화되었으므로 사람과 공룡은 '6,300만 년'(6,500만-200만=6,300만) 동안이나 만날 수 없었다고 믿고 있어. 그렇지만 너희들은 지금 사람들과 함께 살고 있으니, 진화론이 얼마나 현실과 동떨어진 이론인지 알겠지? 최근에는 공룡 화석에서 미처 광물로 치환되지 않은 '생체 조직'까지 발견되었어. 구체적으로 A.D. 2005년 미국 노스캐롤라이나주립대학교 실험실에서 있었던 일이지. **슈바이처**(Mary Schweitzer) 박사가 현미경으로 티라노사우루스의 다리뼈 조각을 관찰하다가 그 뼈에서 단백질, 적혈구, 콜라겐 등을 찾아낸 거야(자료 7 참조). 어디 그뿐이겠니? 공룡 뼈에서 **방사성 탄소**(C^{14})도 남아 있었어. 이 물질은 반감기가 5,730년으로 매우 짧아 10만 년이 지나면 검출할 수 없거든. 이런 증거들을 통해 창조주가 사람과 너희들을 같은 날, 그것도 최근에 창조하셨다는 사실을 알 수 있단다.

케찰스: 맞아요. 여기저기 날아다니면서 이 두 눈으로 똑똑히 사람들을 보았어요.

엘라스: 나도 섬(島)에서 긴 창으로 고기를 잡으며 살아가는 사람들을 자주 목격했어요.

브라스: (박사님께서 오른손에 있는 검은색 스위치를 누르자 타임머신의 노란색 창문이 흰색으로 바뀌었다. 나는 깜짝 놀라면서) 박사님, 저게 뭐예요?

용 박사: 타임머신에 설치된 스크린이란다. 앞으로 강의할 때 아주 유용하게 사용할 거야.

첫째 스크린: 십이지

자, 첫째 스크린을 보아라. 사람들이 '10간'(갑(甲), 을(乙), 병(丙), 정(丁), 무(戊), 기(己), 경(庚), 신(辛), 임(壬), 계(癸))과 더불어 시간과 방위 등을 나타내는 데 사용하는 '십이지'(Chinese zodiac, 본래 사람과 같이 살고 있던 열두 가지 동물 즉 자(子, 쥐), 축(丑, 소), 인(寅, 호랑이), 묘(卯, 토끼), 진(辰, 용), 사(巳, 뱀), 오(午, 말), 미(未, 양), 신(申, 원숭이), 유(酉, 닭), 술(戌, 개), 해(亥, 돼지)를 말함)란다. 여기에 너희 공룡을 의미하는 '진'(辰, 용)이 들어 있다는 점도 사람과 공룡이 함께 살아왔다는 사실을 말해 주는 거야.

친구들: 그렇군요.

엘라스: 지난번 지중해 해변에서 박사님이 '뼈 전쟁'에 관해 말씀해 주셨는데, 방금 친구들에게 그 이야기를 들려줬어요.

용 박사: 친구들도 네 얘기를 재미있게 들었겠구나.

엘라스: 네, 그랬어요.

케라스: 박사님, 이 세상을 만드신 분이 공룡을 몇 종류로 지으셨나요? 우리 가문에서는 얼굴이 조금 다르게 보이면 '같은 집안이니 다른 집안이니' 하면서 말싸움이 끊이지 않거든요.

용 박사: 케라스야, 지금부터 내 이야기를 잘 들으면 앞으로 그런 문제로 다툴 일은 없겠다. 창조주가 공룡을 지으실 때 대략 일곱에서 열두 종류(7-12 kinds)로 만드셨지. 동시에 다양한 환경에 적응할 수 있게 '유전자 발현(發現, 속에 숨겨져 있는 것이 겉으로 드러남)'을 허용하셨어. 그 결과 케라스 집안도 지역과 환경에 따라 뿔과 주름장식의 크기와 모양이 서로 다르게 발달한 거야. 아울러 같은 종이라도 암수(암컷과 수컷)를 다르게 창조하셨다. 이런 다양성(多樣性)을 몰라서 오늘날 고생물학자도 공룡이 1,000종(species)이 넘는다고 착각한 거야. 더구나 이렇게 다양한 특성을 '진화되었다.'라고 오해하고 있어.

케라스: 이제야 그 진실을 알게 되어 속이 후련하군요. 어서 가족에게 말해주어야겠어요.

파라스: 박사님, 우리 친구는 아니지만, 머리뼈가 산봉우리처럼 생긴 이웃을 본 적이 있어요.

용 박사: 아마 **박치기 공룡**(파키케팔로사우루스(Pachycephalosaurus))일 거야. 머리는 마치 공(ball)을 반으로 잘라 엎어놓은 모양이지. 머리뼈 두께가 무려 25cm나 되는 것도 있단다.

파라스: 엄청 두껍군요.

티라스: 나도 며칠 전에 스텔스처럼 꼬리에 섬뜩한 무기를 지닌 이웃을 보았어요. 온몸에 뾰족한 돌기도 나 있더군요.

용 박사: 그 공룡은 '안킬로사우루스'(Ankylosaurus)라는 **갑옷 공룡**인데 꼬리 끝에

뼈로 이루어진 '곤봉'이 달려 있단다. 그렇지만 풀을 먹고 살아가는 온순한 친구야.

엘라스: 박사님, 질문 하나 할게요. 3일 전에 깊은 바닷속이 궁금하여 1,500m까지 내려갔는데 거기서 특이한 장면을 보았어요. 웅장하고 거대한 산맥과 계곡이 끝없이 이어졌는데 예외 없이 산(山)의 윗부분은 없고 평평하더군요. 이런 모습을 보이는 이유가 뭔가요?

용 박사: 음, 그런 해저산(海底山, seamount)을 '**기요**'(guyots)라고 하지. 노아 대홍수 때 수면 위로 솟은 부드러운 산맥이 파도에 의해 깎이고 난 뒤에 다시 내려가 그렇게 보인 거야. 둘째 스크린을 보면 이해하기 쉽겠다.

둘째 스크린: 기요

엘라스: 그런 이유가 있었군요. 수면 위로 올라오면서 **흰긴수염고래**(blue whale, 혹은 대왕고래)를 만났는데 그 크기에 압도되었어요. 키는 브라스와 비슷했지만, 몸무게가 두세 배는 될 거예요. 고래가 입을 활짝 벌려 새우 떼를 꿀꺽 삼킨 뒤에 용기를 내어 '몇 살이냐?'고 물었어요. 그러자 "귓속 귀지에 나이테가 있는데, 스스로 셀 수가 없어 모른다."라고 했어요.

용 박사: 그럴 테지. 귀지를 보면 줄(혹은 띠)이 보일 텐데 먹이를 많이 먹는 여름에는 지방이 많아 밝게 보이고, 겨울에는 적게 먹어 어둡게 보일 거야.

엘라스: 그렇군요.

용 박사: 참고로 내 서재에 길이가 10cm 정도 되는 '고래 귀' 화석이 있지(자료 8 참조). 사람 귀처럼 생겼는데 높은 수압에 견딜 수 있도록 몸에 비해 크기는 아주 작단다. 그럼 더 이상 질문이 없으면 오늘 모임을 마무리하자꾸나.

친구들: 네, 박사님.

용 박사: 다음 시간부터는 흥미 있고 유익한 창조과학 이야기를 하겠다.

브라스: 무척 기대됩니다. 모임 장소는 지중해 해변 '솔랜드'가 좋겠어요.

용 박사: 그럼 두 달 후에 거기서 건강한 모습으로 만나자.

친구들: 네~

제3장

- 날짜: B.C. 2050년 음력 3월 22일
- 날씨: 남풍이 약하게 불었으나 먼지폭풍은 없었음

특별한 두 분을 만나다

리버록에서 만난 뒤로 벌써 일주일이 흘렀군요. 해가 중천에 솟을 때까지 엎드린 채 지난 모임에서 주고받았던 이야기를 곱씹었어요. 이윽고 뱃속에서는 '꼬르륵' 소리가 나기 시작한 것입니다. 동시에 며칠 전에 푸지게 뜯어 먹었던 장소가 머릿속을 스쳐 지나갔어요. 더 이상 참을 수가 없어서 몸을 반사적으로 일으켰어요. 보금자리를 떠나 트로픽랜드 중앙에서 삼백오십 걸음쯤 곧장 나아갔지요. 도착한 곳은 먹음직스러운 각종 풀과 나무가 자라고 있는 숲속이었어요. 머리를 높이 들어 우선 야자나무 향기를 맡아보았어요. "음, 상큼한 이 냄새가 여전히 좋아!" 혀를 날름 내밀어 사각사각 잎사귀를 뜯어 먹기 시작했어요. 고개를 숙여 부드러운 풀과 노란 야생화도 곁들여 먹으니, 꿀맛이 따로 없

었어요. 가시가 달리거나 씁쓰름한 식물을 제외하고는 골고루 먹는 편입니다.

싱싱한 풀을 더 먹기 위해 스무 걸음쯤 남쪽으로 내려갔을 때였어요. 마침 눈앞에 몇 사람 그림자가 어른거리는 거예요. '아니, 저곳에 무슨 이유로 사람들이 있을까?' 가만히 지켜보았어요. 내 몸길이 두 배쯤 떨어진 땅바닥에 네 명이 앉아 있었어요. 초라한 몰골을 지닌 사람을 중심으로 세 사람이 그 주변에 앉아 있었고 서로 친구처럼 보이더군요. 둘러앉은 사람들이 그 친구를 향해 마구 꾸짖는 게 아니겠어요. 그럴 때마다 무척 고통스러운 표정을 지으며 자신의 억울함을 이야기하면, 그들은 번갈아 가면서 "욥아, 네가 잘못했기 때문에 이렇게 되었어." "죄를 회개하면 하나님께서 용서해 주시고 복을 내려주실 거야." 라며 반박하는 것입니다. 한 시간 동안이나 논쟁이 이어졌는데, 나중에 한 사람 더 끼어들었어요. 그는 가만히 듣고 있다가 네 사람을 다 나무랐어요. 비록 젊게 보였지만, 그 주장은 세 친구와 다르게 위엄이 있었죠. 끝까지 다섯 명의 이야기를 엿듣고 나니 아픔을 겪고 있는 사람 이름이 '욥'이라는 사실을 알았어요. 게다가 '뭔가 큰 잘못으로 이런 고통을 받고 있구나.'라고 생각했지요(욥은 역사적으로 실존 인물이다(겔14:14, 약5:11), 그는 아브라함 이전 혹은 동시대에 살았을 것으로 추정함).

'욥'이라는 사람에 대해 좀 더 알고 싶어 가까이 다가갔어요. 피부는 검붉고, 피고름과 뒤범벅이 된 옷은 참나무껍질처럼 보였죠. 그 모습을 보는 순간 등골이 오싹해졌어요. 잠시 후에 바람도 남풍에서 북풍으로 휘리릭 바뀌면서 회오리바람(whirlwind, 욥38:1)이 일어났어요. 그 바람이 시작될 때는 오비라 머리 크기였는데 점차 사람 키만큼 커지면서 그분 앞에 멈춘 거예요. 바람 속에서 느닷없이 사람 목소리가 흘러나왔을 때는 혼비백산할 수밖에요. 얼굴을 볼 수 없지만, 그 음성은 우르릉거리는 천둥처럼 우렁찼으니까요. 그런데 욥에게 끊임없이 질문을 하시면서도 아무런 대답을 기대하지 않으신 것 같더군요. 그분이 내 이름을 말씀하실 때는 다시 한번 까무러칠 뻔했어요.

"욥아, 저기 소처럼 풀을 뜯어 먹고 있는 **브라스**를 보아라. 내가 너를 만들 때 브라스도 함께 만들었느니라. 다리뼈는 마치 강한 놋쇠 덩어리와 쇠막대기 같구나. 저 꼬리는 얼마나 길고 우람하게 생겼는지 마치 레바논 백향목처럼 보이지 않느냐? 너는 땅에서 저 초식공룡처럼 거대한 짐승을 찾을 수 없으리라(욥 40:15-19 참조)."

'오, 저분이 욥과 함께 나를 만드신 창조주라고? 우람한 이 몸통과 기다란 목, 튼튼한 꼬리, 주변을 살필 수 있는 두 눈, 향기로운 냄새를 맡는 코, 풀을 뜯을 때 놀리는 혀, 게다가 작은 소리도 들을 수 있는 귀까지 어느 것 하나 빠짐없이 빚으신 분이라니!' 이처럼 고귀한 분을 직접 만나게 되었다는 생각에 정신을 차릴 수 없었어요. 욥과 대화를 끝마친 뒤에 창조주는 회오리바람을 타고 하늘로 올라가셨어요. 잠시 뒤에 욥은 몇 발짝 다가와 내 몸 전체를 쭉 훑어보셨어요. 그런 다음 부드럽게 말을 건넨 것입니다.

욥: 　브라스는 거대하면서도 독특한 매력을 풍기고 있구나. 너를 통해 우리 창조주의 솜씨가 얼마나 뛰어나신지 이제야 알 것 같다.

브라스: 　(나는 떨리는 목소리로) 귀하신 분들을 만나게 되어 뛸 듯이 기뻐요. 더욱이 나를 지으신 분의 음성까지 듣게 되었다니 아직도 믿을 수 없어요.

욥: 　사람인 나도 믿기 힘든데 짐승인 너는 더욱 그럴 테지.

브라스: 　친구들과 심하게 말싸움하는 광경을 지켜보았어요. 그때와는 달리 지금은 얼굴빛이 달처럼 밝아졌군요.

욥: 마음이 기쁘니까 얼굴도 환해졌을 거야. 혹시 그분께 푸념을 늘어놓은 것도 들었니?

브라스: 네, 끙끙 앓으시면서 원망도 하시고 나중에는 죽고 싶다고 하소연까지 하셨어요.

욥: 부끄럽기 짝이 없구나. 더 참았어야 했는데.

브라스: 얼마나 힘들었으면 그러셨겠어요. 그렇지만 한 가지 궁금한 점이 있어요. 왜 그토록 엄청난 고통을 겪으셨는지요?

욥: 글쎄, 아직도 그 이유를 모르겠다. 누구보다 착하게 살아왔는데 말이야. 그분도 거기에 대해서 한 말씀도 안 하시더라. 이 세상에서 나처럼 불행을 겪은 사람이 또 있을까!

브라스: 긁어모은 재(灰) 가운데 앉아 계시더군요. 바람이 불어 재가 휘날릴 때마다 온몸은 잿빛으로 변했어요. 더구나 황토색 질그릇 조각을 들고서 피가 나도록 여기저기 득득 긁으실 때는 차마 눈 뜨고 볼 수 없었어요.

욥: 그렇겠지. 처음엔 정수리부터 발바닥까지 심한 종기가 난 거야. 점차 호흡하기 힘들고 숨을 내쉴 때마다 악취를 풍겼어. 그뿐만 아니라 한동안 아무것도 먹지 못한 데다 열이 나니까 피부도 까맣게 타들어 가더라. 친구들은 나를 위로하기 위해 먼 타국에서 왔지만, 그들도 말문이 막혀 말 한마디 없이 일주일 동안이나 함께 앉아 있었지. 이 몸만 망가져도 브라스가 눈 뜨고 볼 수 없을 정도인데 동시에 불어닥친 다른 재앙까지 알게 되면, 놀라서 기절하겠구나.

브라스: 기절할 정도라고요?

욥: 그렇고말고. 전 재산과 열 명이나 되는 아들딸을 순식간에 다 잃었으니 말이야.

제3장 특별한 두 분을 만나다

브라스: 세상에, 그런 기막힌 불행을 한꺼번에 겪으셨다니! 힘드시겠지만, 그 사건의 내막을 구체적으로 말씀해 주실 수 있는지요?

(그분은 상상할 수도 없이 힘든 고난을 거듭 떠올리기 싫으셨는지, 잠시 눈을 감으시고 말이 없었다. 몇 분이 지나자, 그동안 참았던 슬픔을 억누르지 못하시고 끝내 흐느끼셨다. 한참 뒤에야 울먹울먹하시면서 겨우 말을 이어가셨다)

욥: 다시는 생각조차 하기 싫지만, 자세히 말해주마. 내 재산은 엄청났었다. 양이 7,000마리, 낙타가 3,000마리, 소가 500겨리, 암나귀가 500마리였어. 일하는 종들도 많아 동쪽 지방에서 최고 부자였단다(욥 1:3). 이렇게 많은 재산을 하루 만에 잃어버린 거야.

브라스: 하루만에요???

욥: 그렇단다. 소는 밭을 갈고 나귀는 풀을 먹고 있었는데, 칼로 무장한 **스바** 사람들이 종 한 명을 제외한 나머지 종들과 소, 나귀를 다 죽여버렸지. 그 살아난 종은 도망하여 나에게 슬픈 소식을 전해주었어(욥 1:14-15).

브라스: 아이고 맙소사!

욥: 바로 이어서 하늘에서 불이 내려 일하는 종 오직 한 명만 피하고, 다른 종들과 양 떼를 모조리 태워버린 거야. 남은 재산인 낙타 떼는 또 어떻게 되었는지 아니? **갈대아** 사람들이 세 팀으로 쳐들어와 종 한 명만 빼놓고 나머지 종들을 깡그리 칼로 죽이고 낙타를 끌고 가버렸어(욥1:16-17). 흑흑흑!

브라스: 아, 너무 끔찍해서 말이 안 나오는군요!

욥: (파르르 떠는 음성으로) 이게 끝이 아니었다. 나에게는 보배와 같은 일곱 아들과 세 딸이 있었지. 그날 맏형 집에 다 모여 잔치를 벌이고 있었

는데 광풍이 불어 집이 와르르 무너진 거야(욥1:18-19).

브라스: 그래서 자녀들은 어떻게 되었나요?

욥: (다시 울먹이시면서) 한 명도 남김없이!

(그분의 자녀 열 명이 몽땅 죽었다는 말에 나는 소스라치게 놀란 나머지, 돌부리에 발목이 걸려 미끄러졌다. 언덕 쪽으로 몸이 기우뚱 넘어졌지만 얼른 일어났다. 그런 다음 나지막한 목소리로 다시 말을 건넸다)

브라스: 빙하 크레바스에서 우리 가족이 사고를 당했을 때, '이 세상에 나처럼 불쌍한 존재는 없을 거야.'라며 신세타령을 했어요. 하지만 이에 비할 바가 아니군요. 상상도 못 할 불행과 친구들 비난 속에서도 잘도 견디셨어요.

욥: 창조주를 뵈니까 내 슬픔과 고통의 짐이 가벼워지더라. 외모는 상거지 꼴이지만, 이젠 아무런 문제가 안 되고말고.

브라스: 네. 그런데 창조주께서 계속 물으실 때 아무런 대답도 못 하시던데요?

욥: 음, 사실은 그게 말이다. 대답하기 힘든 질문을 무려 여든다섯 개나 계속하셨어.

브라스: 그렇게나 많이요? 주로 어떤 것을 물어보셨어요?

욥: 처음에는 지구와 자연법칙에 관한 것이었다. "내가 땅의 기초들을 놓을 때 네가 어디 있었느냐?" "네가 바다의 샘들 속으로 들어간 적이 있느냐?" "얼음은 누구의 태에서 나왔느냐?" 등등 마흔 가지나 되었어. 우리 주변에서 흔히 볼 수 있는 빙하와 관련된 것도 물어보셨지. 마지막에는 동물에 관한 질문을 더 많이 하신 거야. 열두 가지 동물을 말씀하셨는데 "네가 사자를 위해 먹이를 사냥하겠느냐?" "바위의 들염소들이 새끼 낳는 때를 네가 아느냐?" "네가 공작에게 멋진 날개를

주었느냐?" 등등이었지(욥38-39).

브라스: 하나같이 대답하기 어렵게 물으셨군요.

욥: 맞아, 지금 생각해 보면 이런 질문을 통해 끊임없이 그분의 '창조 사역'을 강조하신 것 같더라. 신기하게도 창조주 물음이 쌓일수록 현재 겪고 있는 내 고난은 점점 줄어들고 그분의 능력은 점점 크게 보이는 거야. 나중에는 '브라스'와 '리야단'에 관해 이야기하셨다. 더욱이 내가 충분히 이해할 수 있게 직접 너희들을 보여주시면서 시청각 교육을 하셨어.

브라스: 그러셨군요. 그런데 방금 말씀하신 리야단은 어떤 친구인가요?

욥: 너는 땅에 사는 동물의 왕이고, 리야단은 물에 사는 동물의 왕이란다. 창조주께서는 브라스를 설명하신 후에 다시 나를 라이프강으로 데리고 가셨지. 거기서 그 친구가 얼마나 대단한지 상세히 말씀해 주셨다.

브라스: 리야단이 그렇게 뛰어나던가요?

욥: 물론이야, 생김새나 힘으로 볼 때 너를 뛰어넘을 것 같구나. 그 모습을 보자마자 소름이 돋았지. 온몸은 단단한 비늘로 덮여 있더라. 공기조차 통하지 않게 촘촘할 뿐만 아니라 어떤 힘이 센 사람이라도 칼로 죽일 수 없다고 하셨어. 심장은 맷돌처럼 단단하고 쇠나 돌을 지푸라기처럼 여긴다는 거야. 심지어 콧구멍으로 뜨거운 연기를 뿜어내고 입에서는 불꽃이 튀어나온다고 하니, 더 이상 할 말을 잃었구나(욥41).

브라스: 세상에! 그게 정말이에요?

욥: 너에게 부풀려 말할 필요가 있겠니? 창조주가 직접 하신 말씀이야.

브라스: 알겠어요. 그 생김새를 파악했으니 만나게 되면 조심해야겠어요.

이처럼 창조주이신 주님이 욥에게 '베헤못'과 '리워야단'을 보여주시고 설명하신 후에야 욥은 그분에 관한 생각이 완전히 바뀌게 되었다. 즉 하나님은 전능하신 분이므로 **인과응보**(因果應報, '원인과 결과가 상응(相應)한다.'라는 뜻으로 좋은 행위는 좋은 결과를 얻고 나쁜 행위는 나쁜 결과를 초래한다는 개념)의 틀에서 벗어난 초월적인 존재라는 사실을 깨닫고 회개한 것이다. 그러자 그분은 번제 헌물과 욥의 기도를 통해 세 친구 **엘리바스**, **빌닷**, **소발**도 용서해 주셨다. 하지만 나중에 등장하여 '하나님의 대리자'로 자처한 **엘리후**는 책망하지 않으셨다. 그의 진술은 오류가 없었기 때문이다(이런 면에서 엘리후를 『욥기』의 저자로 보는 견해도 있지만 필자는 이에 동의하지 않음). 결론적으로 하나님은 욥의 믿음을 인정하시고 그의 소유를 처음보다 두 배로 회복시켜 주셨다. 구체적으로 나열하면 일곱 아들과 세 딸을 주셨고, 양은 7,000마리에서 14,000마리로, 낙타는 3,000마리에서 6,000마리로, 소는 500겨리에서 1,000겨리로, 암나귀는 500마리에서 1,000마리로 늘어난 것이다(『욥기』 1장과 42장 비교). 여기서 한 가지 의문이 생길 수 있다. 동물은 두 배로 주셨는데 자녀는 왜 그렇지 않았을까? 사고로 죽은 열 명의 자녀는 부활하여 지금 주님 곁에 있으므로 역시 두 배가 되기 때문이리라.

우리는 『욥기』를 통해 중요한 사실 하나 더 알 수 있다. **사탄**(Satan)이 자신의 믿음을 시험하고 있다는 사실을 욥은 몰랐지만, 『욥기』를 읽는 독자는 1, 2장을 통해 분명히 알 수 있다(따라서 『욥기』 1장과 2장은 욥이 아닌 다른 사람이 나중에 추가하여 기록하였을 것으로 추정). '대적하는 자'라는 뜻을 지닌 사탄은 오늘날에도 여전히 사람들을 속이고 고소하며 죄를 짓게 할 뿐만 아니라 질병 등 불행을 가져오는 인격체이다. 더 나아가 말세에 사탄은 다른 복음을 전하도록 배도를 선동하지만, 최종적으로 영원한 '불 호수' 심판을 받을 것이다(계20:10, 마25:41).

　　이미 독자께서 파악하신 것처럼 필자는 『욥기』 40장에 나오는 '베헤못'(Behemoth)을 '브라스'(브라키오사우루스, 용각류)라고 이름을 지었다. 성경학자들은 베헤못이 '코끼리', '하마', '코뿔소' 중 하나였을 것이라고 주석을 달았지만, 별로 설득력이 없어 보인다. 주님은 베헤못의 꼬리를 높이 30m에 달하는 백향목(白香木, cedar, 레바논을 대표하는 나무)과 비교하셨는데 이런 동물들의 꼬리는 1m에도 못 미치기 때문이다. 또한 그들은 『욥기』 40장 21, 22절 "²¹그것(=베헤못)이 연잎 아래(Under the lotus plants)에나 갈대 그늘에서나 늪 속에 엎드리니 ²² 연잎 그늘이 덮으며(The lotuses conceal him in their shadow) 시내 버들이 그를 감싸는도다"라고 되어 있으므로(대부분 **한글 성경**과 **영어 신국제역(NIV)**) 연잎 그늘에 숨을 만큼의 동물이라면 '하마' 정도의 크기라는 것이다. 그렇지만 영어 『**킹제임스 성경**』(KJV)(에라스무스 그리고 종교개혁을 주도한 루터, 칼빈이 사용했던 성경과 동일한 본문에서 나온 성경이며 특히 장로교의 헌법이라고 할 수 있는 '**웨스트민스터 신앙 고백**'의 바탕이 됨)과 이를 우리말로 번역한 한글 『**킹제임스 흠정역 성경**』에는 "²¹그가 그늘진 나무 아래(Under the shady trees)와 갈대밭의 은신처와 늪 속에 누워 있나니 ²² 그늘진 나무들은 자기들의 그늘로 그를 덮고(The shady trees cover him with their shadow) 시내의 버드나무들도 그를 감싸는도다"로 되어 있다(『**킹제임스 성경**』에 관한 자세한 내용은 필자의 저서 『위 원장의 마취, 통증, 생명 이야기』 p. 205-233을 참조하실 것). 환언하면 베헤못은 '연잎 그늘'이 아니고 '나무 그늘'에 숨었던 거대한 짐승이었던 것이다!

마찬가지로 필자는 『욥기』 41장에 등장하는 '리워야단'(Leviathan, 어떤 창조과학자는 모사사우루스(Mosasaurus)나 메갈로돈(Megalodon)으로 추정)을 '리야단'이라고 명명(命名)하였다. 이 동물은 사람이 다룰 수 없을 만큼 힘이 셀 뿐만 아니라 코와 입에서 뜨거운 연기와 불을 뿜어낸다고 하셨다. 심지어 사탄을 상징하는 짐승으로도 묘사된 것이다(욥41:34). 성경학자들은 이것이 '악어'라고 주석을 달았다. 그렇지만 악어는 아무리 사납더라도 사람이 제압할 수 있고 코와 입에서 연기나 불꽃이 나오지 않는다.

이와 같이 베헤못과 리워야단은 상상의 동물이 아니고, 실제로 존재했으므로 주님은 욥에게 직접 보여주시면서 설명하셨을 것이다. 소위 **창조과학**(성경에 기록된 창조 사실을 다양한 증거들을 통해 변증하는 학문)이라는 도구로 욥에게 자신의 전능하심을 드러내셨다. 따라서 그분은 '창조과학자의 원조(元祖)'이시다. 하지만 A.D. 1700년 후반 **계몽주의**(enlightenment) 등장으로 사람들은 성경보다 인간의 이성을 우위에 두었다. 자연스럽게 **진화론**은 환영받았지만, **창조진리**는 심하게 훼손되기 시작했다. 이에 대항하여 성경을 수호하기 위해 '이 세상은 진화가 아니고 창조되었다.'라는 사실을 선포하는 단체가 생겨났다. 미국을 비롯하여 호주, 우리나라 등 여러 나라에 '**창조과학회**'가 설립된 것이다.

그렇지만 유감스럽게도 아래와 같은 이유를 들어 창조과학회를 비난하는 자들이 생겨났다. 첫째 '이단'('제칠일안식일예수재림교회' 줄여서 '안식일교회')에서 창조과학을 먼저 시작했다.'라는 것이다. 이렇게 주장하는 자들은 하나님이 선한 사람이나 악한 사람 모두에게 햇볕과 비를 내려주신다는 사실을 망각하는 것 같다(마5:45). 한 가지 예를 들어보자. 이스라엘 백성이 모세의 인도로 이집트를 떠나 홍해를 건너기 전에 **누웨이바**(Nuweiba, 면적이 약 28km², 200-300만 명이 야영할 수 있는 곳, 구글 어스로 검색할 수 있음)(자료 9 참조)에 집결하였다. 모세가 홍해를 향해 손을 내밀자, 밤새도록 동풍이 불어 마른 땅이 되었다. 이제 이스라엘 백성은 이곳에서 출발하여 홍해를 안전하게 건너 미디안 땅에 도착했으나, 뒤따라온 이집트 군사와 병거, 기병들은 모조리 수장된 것이다(출14:24-28). 나중에 누웨이바 주변 바다에서 이집트 병사들의 뼛조각, 말발굽, 마차 바퀴 등 수많은 증거들을 찾아낸 사람도 '안식일 교인'이며 남자 간호사인 **론 와이어트**(Ron Wyatt, 1933-1999, 미국)와 그의 아들들이었다(이집트 누웨이바(Nuweiba)에서 미디안 서부 해안까지 폭 6km, 길이 15km, 경사 6°의 완만한 육지 다리를 통해 이스라엘 백성이 홍해를 건너갔음. 자세한 내용은 필자가 쓴 책『창조세계와 과학의 올바른 나침반』p. 216-227 참조하실 것). 이처럼 주님은 소위 '이단'에 속한 자들을 통해서도 위대한 고고학적 발굴을 하게 하신 것이다. 우리가 매일 먹는 먹거리는 어떠한가. 보나 마나 불신자나 심지어 우상숭배자들의 손을 거쳐 생산되었을 게 뻔하다. 그 생산 과정에 어느 누가 관여했는지 추적이나 할 수 있겠는가. 아무 거리낌도 없이 이런 음식을 날마다 먹으면서 창조과학회를 비난하는 태도는 모순이 아닐 수 없다. 거듭 강조하자면 주님은 이단이나 불신자들이 우리 삶의 각 분야에서 활동하도록 허용하셨다. 따라서 우리는 필요하다면 그들의 업적이나 학문을 스스럼없이 공유하면서 동시에 그들도 구원받아야 할 형제자매로 긍휼히 여기면 될 것이다. 둘째, '창조과학회 주요 리더들은 과학과 성경에 대해 전문 지식이 없는 자들'이라는 것이다. 전혀 근거가 없는 주장이다. 여러 학문 분야(지질학, 생물학, 물리학, 의학, 화학, 수학, 신학 등)에서 학사, 석사, 박사 출신의 유능한 인재(人才)들이 자신의 전공을 살려 연구하고 논문을 발표하는 등 건실하게 활동하고 있기 때문이다. 이 중에는 교사, 대학 교수, 총장, 의사뿐만 아니라 '세계 100대 과학자'에 여러 번 선정된 박사도 포함되어 있다. 분명한 것은 하나님이 최초로 창조과학이라는 도구를 활용하셨으므로 우리도 복음을 전하는 데 이 귀한 도구를 이용할 필요가 있다. 이를 통해 진화론에 찌든 세상에 올바른 창조신앙을 전파한다면, 어찌 그분이 기뻐하시지 않겠는가!

제4장

- 날짜: B.C. 2050년 음력 3월 23일
- 날씨: 실바람이 불고 먼지폭풍이 조금 일어남

리야단과 조우
그리고 여러 친구 집 둘러보기

아침부터 산들바람이 얼굴을 간지럽게 만지길래 눈을 떴어요. 태양도 하이볼드산 뒤에 숨어 있다가 얼굴을 내밀기 시작했지요. 점차 그 온기가 달아올라 꼬리에 있는 작은 근육까지 따뜻한 피가 구석구석 돌자, 자리에서 벌떡 일어났어요. 목과 꼬리를 앞뒤로 쭉 내밀고 네 다리에 힘을 주어 기지개를 켰어요. 그러자 오른쪽 엉덩이 피부를 뭔가 잡아당기는 느낌이 든 거예요. "맞아, 어제 욥이라는 분과 대화 중에 넘어지면서 흙이 덕지덕지 붙었구나." "우선 라이프강으로 가야겠어." 걸어가는 내내 창조주의 음성이 귓가에서 맴돌았어요. '욥아, 내가 너를 만들 때 브라스도 함께 만들었느니라.'

보금자리에서 반 시간쯤 가면 강(江)이 있어요. 도착하여 강둑을 덮고 있는 연한 풀로 먼저 배를 채웠어요. 그런 다음 물 흐름이 느린 곳을 찾아 그쪽으로 몸을 밀어 넣었지요. 좀 차갑지만 견딜만하더군요. 등이 거의 잠길 때까지 들어가고 나서 상류 쪽으로 몸을 돌렸어요. 그런 다음 목과 꼬리는 상하로, 몸통은 좌우로 첨벙대면서 오물을 제거했어요. 씻고 나니 몸뿐만 아니라 마음까지 개운해진 것입니다. 이제 물 밖으로 나가기 위해 머리를 높이 들어 올릴 때였어요. 오십 걸음쯤 떨어진 위쪽에서 어떤 녀석이 얼굴만 내민 채 물끄러미 나를 쳐다보는 거예요. 얼핏 보아도 어제 그분이 말씀하신 **리야단**이었어요! 그 얼굴을 마주하니까 겁부터 났죠. 심기를 건드리지 않는 게 상책일 성싶어 천천히 뒷걸음질 치며 나왔지요. 마음속으로 '리야단이 덤벼든다면, 육지 동물의 왕답게 맞서 싸울 거야.'라고 다짐했더니 두려움이 조금 가라앉았어요.

강물 따라 둑을 걷는 동안 젖은 몸이 금세 말랐어요. 강가 버드나무 가지는 축 늘어져 있고 잔잎사귀들만 실바람에 살랑거렸죠. 늪지 근처 자갈밭에는 7m가 넘는 '악어' 한 쌍이 일광욕을 즐기고 있었어요. 피부는 내 것을 닮았지만, 다리 위치는 완전히 달랐어요. 몸통 옆에 붙어 있어 움직임이 둔하게 보인 거예요. 내 다리는 몸통 바로 밑에 달려 있어 육중한 체중을 지지할 뿐만 아니라 원하는 속도로 걷거나 뛸 수 있거든요. 악어는 다행히 물갈퀴가 있어 물속에서는 잘 다닐 수 있을 것 같았어요.

한참 동안 악어를 우두커니 지켜보고 있다가 다시 보금자리로 막 출발할 즈음이었어요. 강 오른편 숲속에서 다급하게 달리는 발소리가 들렸어요. 소리 나는 쪽으로 고개를 돌렸더니, 글쎄 갈색을 띤 짐승 한 마리가 이쪽으로 쏜살같이 달려오는 게 아니겠어요! 그 뒤를 덩치가 큰 녀석이 바짝 쫓고 있었어요. 숨을 헐떡이

며 다가오는 그 짐승은 수사슴이었어요. 암사슴을 차지하기 위해 수사슴끼리 뿔 싸움을 했는지 오른쪽 뿔 가지 하나가 끊어져 있었죠. 속으로 생각하기를 '어떤 공룡에게 쫓기고 있군!' '뒤쫓는 짐승은 육식공룡임이 틀림없겠지?' 그 사슴은 애처롭게 울면서 나를 향해 돌진했어요. '그래, 살려달라고 도움을 청하는구나.'라는 마음이 들어 잽싸게 양쪽 앞다리를 올렸어요. 그런 다음 뒤쫓는 추격자에게 크게 소리를 질렀지요. "더 이상 오면 안 돼!" 그 공룡은 갑자기 나타난 방해꾼에 너무 당황한 나머지, 먼지를 일으키며 내 코앞에서 급정거했어요. 그런데 눈이 마주치는 순간 둘 다 몸이 굳어버렸어요. 서로 잘 아는 친구였기 때문입니다.

브라스: 어? 티라스 아니야?

티라스: 그럼 너는 브라스?

브라스: 맙소사, 여기서 이렇게 만날 줄이야!

티라스: 깜짝 놀랐어. 그런데 너 때문에 좋은 먹잇감을 놓쳤잖아!

브라스: 너무 미안해! 사슴이 안쓰럽게 보여서 그랬어.

티라스: 다른 공룡이었으면 이 강한 턱으로 우드득 소리 나게 목을 꽉 물어버렸을 텐데.

브라스: 하마터면 내 목이 치명상을 입을 뻔했구나!

티라스: 그나저나, 난 이 근처에서 살고 있는데 우리 집이 궁금하지 않니?

브라스: 너희 집에 가도 되겠어?

티라스: 물론이지.

수사슴은 내 앞다리에 얼굴을 비비댔어요. 목숨을 구해주었더니 무척 고마웠는가 봐요. 나도 행복하게 살아가길 빌면서 사슴 엉덩이를 핥아주었어요. 그러자 초롱초롱한 눈망울로 나를 한 번 쳐다보고는 오던 길로 사뿐사뿐 뛰어가더군요.

그 사이에 티라스는 꽤 멀리 가고 있었어요. 강 주변 초원 지역을 둘러보면서 뒤따라갔어요. 조금 후에 주변과는 사뭇 다른 장소가 눈에 들어왔어요. 앞에는 검붉은 바위가 군데군데 박힌 낮은 산이 있고 양쪽은 아담한 언덕으로 둘러싸여 있었죠. 바람과 추위를 피하기에 안성맞춤이었고 어미 공룡 열 마리가 충분히 쉴 수 있는 장소였어요. 티라스는 여기서 일곱 식구와 함께 살아가고 있었어요.

지난해 티라스 엄마가 알 열두 개를 둥지에 낳았는데 보름 전에 두 개만 벌어졌다는군요. 해가 갈수록 알에서 깨어나는 동생들이 줄어든다며 걱정했어요. 칠면조 크기의 두 어린 공룡은 내 앞다리가 자작나무처럼 보였는지 자꾸 기어오르려다가 미끄러졌어요. 싫지는 않았지만 간지러워 발가락을 꼼지락거릴 수밖에요. 나중에 어린 공룡들을 따라 안쪽으로 깊숙이 들어가 보았어요. 티라스 엄마는 둥지를 보살피는 중이었어요. 둥지 지름이 1m 정도 되더군요. 알들은 모래 위에 있었어요. 엄마가 조심스럽게 모래를 헤치면서 나머지 열 개를 굴릴 때 그 모양을 잘 볼 수 있었죠. '우리 집안의 알은 둥글게 생겼는데, 저 알들은 길쭉하네?' '알의 폭은 10cm, 길이는 30cm 정도 되는구나.'

며칠 동안 우리는 여기저기 싸돌아다니다가 케라스가 사는 집을 찾아갔어요. 티라스 집에서 북쪽으로 대략 오백 걸음쯤 걸어가니, 전방에 호수가 보였어요. 그 지름이 내 몸길이보다 다섯 배 정도 되었죠. 호수 주변은 잣나무와 관목으로 뻥 둘러싸여 있고 물은 연한 하늘색이었어요. 가까운 산록빙하가 녹아 물이 고였나 봐요. 다시 계곡을 따라 백 걸음쯤 걸어가니 케라스 집이 보였죠. 수십 미터나 되는 떡갈나무들이 적당한 간격으로 솟아 있어 뜨거운 햇빛을 피할 수 있는 곳이었어요. 멀리서 보니 케라스 식구들은 쓰러진 나무를 옮기고 있었어요. 우리는 느릿하게 다가갔지요. 땅에서 진동을 느꼈는지 케라스는 하던

일을 멈추고 뒤돌아보았어요.

브라스, 티라스: 케라스야, 안녕!

케라스: 아니, 너희들은 브라스와 티라스 아니야?

브라스: 그래, 많이 놀랐지?

케라스: 여기는 어떻게 알고 왔니?

티라스: 물론 내가 알려주었지. 지금 열심히 일하고 있구나.

케라스: 사흘 전에 하이볼드산 빙하가 녹으면서 산사태가 크게 났었어. 밤중에 갑자기 떡갈나무가 우지직 부러지는 소리를 듣고 놀라 식구들이 밖으로 우르르 뛰쳐나온 거야. 바위와 흙더미가 나무를 쓰러뜨리면서

우리 집을 덮쳤는데 조금 늦게 피했더라면 온 식구가 묻힐 뻔했지 뭐야. 엄마는 우리들을 먼저 내보내시고 맨 나중에 나오셨지. 그 바람에 나뭇가지가 갈비뼈 세 개를 부러뜨렸어.

브라스: 저기 풀밭에서 쉬고 계신 분이 네 엄마 같은데?
케라스: 맞아. 다른 식구들은 무사(無事)하니 그나마 다행이야.
티라스: 그런데 네 아빠는 안 계시고 동생들과 일하고 있었구나.
케라스: 아빠는 새로 이사 갈 곳을 찾으러 이틀 전에 나가셨어.
브라스: 그러셨구나. 나무 옮기는 일을 돕고 싶지만, 할 수가 없어.
티라스: 나도 마찬가지야.
케라스: 고마워. 그렇지만 나처럼 뽈이 있어야 해.

파라스가 사는 곳도 궁금했어요. 때마침 며칠 전에 태어난 동생들을 돌보고 있었어요. 바람이 불어 뽀얀 흙먼지가 일어나자, 얼른 그들을 등지고 섰어요. 둥지 곁에 있던 파라스 엄마도 다급하게 먼지를 조심하라며 "붕붕붕~" 세 번 경고음을 내는 거예요. 그 순간 그린아이스에서 동생들과 뛰어놀던 모습이 떠올랐어요. '그들이 살아 있다면 나도 다른 친구들처럼 행복하게 지내고 있을 텐데!'라는 생각에 마음이 허전했어요.

나중에 오비라와 스텔스가 사는 곳도 찾아갔어요. 두 군데는 상당히 멀어서 간신히 찾아간 거예요. 꽤 오랫동안 친구네 사는 곳곳을 다녀본 결과 집안마다 둥지 모양이나 알을 품는 방식이 조금씩 다르다는 사실을 알았어요. 그러면서 친구들과 우정이 더 깊어졌답니다. 며칠 있으면 손꼽아 기다리던 두 번째 만남이 있겠군요.

제5장

- 날짜: B.C. 2050년 음력 5월 15일
- 날씨: 오전에 소나기를 만났지만, 먼지폭풍은 안보였음

두 번째 만남 그리고
천지창조, 죄를 지은 인간

요즈음 낮에 소나기가 자주 내렸어요. 그렇지만 밤에 내가 좋아하는 별 동무 얼굴이 더 뚜렷하게 보여 마음이 들뜨기까지 했어요. 수많은 별 중에서 변함없이 날 반겨주는 일곱 개 별과 한층 친합니다. 큰곰자리에 있는 이들은 내게 말을 걸기도 하고 시간까지 알려주거든요. 어젯밤엔 내게 좀 더 가까이 다가왔어요.

날이 밝아올수록 내 마음도 분주해졌어요. 리버록보다 솔랜드는 한 시간가량 오래 걸려 부랴부랴 서둘러야 했기 때문입니다. 가는 방법으로 강둑길과 숲길 두 갈래가 있지만 오늘은 녹음이 우거진 숲길을 택했어요. 그 길을 가다 보면 해발 1,500m쯤 되는 **블랙드래건산**(Black dragon mountain) 고갯길과 연결됩니다.

숲속에는 공작새와 큰부리새 어미가 배고프다며 울어대는 새끼들에게 부지런히 먹이를 물어다 주고 있었어요.

몇 분 동안 걸어가니 왼쪽으로 열다섯 걸음쯤 떨어진 곳에 관목으로 덮인 낮은 언덕이 보였어요. 그 근처 풀밭에서 특이한 새가 눈에 띄었죠. 몸은 갈색인데 붉은 부리를 지녔고 크기는 박사님 손으로 한 뼘쯤 되더군요. 잠시 후

에 요란하게 울면서 날개를 파닥거렸어요. 그러자 숲에서 네발 달린 짐승이 불쑥 나타난 거예요. 새보다 서너 배쯤 길었어요. 게다가 몸통이 검은색인데 등은 흰 털로 덮여 있었죠. 그 짐승이 나타나자, 새는 총총거리며 언덕 쪽으로 걸어갔어요. 마치 목줄을 매어 짐승을 끌고 가는 것처럼 적당한 거리를 두고 앞장서는 것입니다. 드디어 안내하는 새는 파라스 몸통 크기의 회색 바위 앞에 멈추어 섰어요. 그 바위 중앙 움푹 팬 곳에 벌집이 대롱대롱 매달려 있었죠! 짐승은 자기 머리의 절반가량 되는 벌집을 보자마자 돌진하여 주둥이로 능숙하게 떼어 냈어요. 그런 다음 땅바닥에 나뒹굴고 있는 벌집을 두 발로 누르고 꿀과 밀랍뿐만 아니라 유충까지 허겁지겁 먹는 거예요. 수십 마리 벌이 한꺼번에 달려들어도 태연했어요. 웬만큼 배를 채우고 떠나자, 그제서야 새는 남아 있는 꿀과 밀랍을 먹기 시작했죠. 이들이 서로 도와가며 살아가는 방식에 신선한 충격을 받았어요. 눈에 보이지 않는 손길이 있음을 느꼈지요.

숲속 중간쯤 들어설 때 갑자기 하늘이 어두워졌어요. 이내 굵은 빗방울이 후두두 떨어지기 시작하자 얼른 떡갈나무 밑으로 들어갔어요. "소나기가 오랫동안 내리면 지각할 수도 있겠어." 다행히 조금 뒤에 비가 그쳤죠. 서둘러 반 시간 정도 걸으니 블랙드래건산 정상에 올랐어요. 헐떡거리는 숨을 고르기 위해 잠깐 걸음을 멈추었어요. 그런데 발바닥이 울퉁불퉁하고 불편하여 밑을 내려다보았지요. "아니, 이것은 '물결무늬'가 아니야?" 가로 20m, 세로 10m 되는 바위에 새겨져 있는 것입니다. '강가나 바닷가에서 볼 수 있는 지형이 산꼭대기에 있다니 신기하군.' 골똘히 생각하면서 내려갔어요. 드디어 눈앞에 푸른 바다가 보이고 목적지가 눈에 들어왔어요. 약속 장소는 기울어진 지형이라 얼른 눈에 띄었죠. 박사님과 친구들은 벌써 자리를 차지하고 있었어요. 내가 꼴찌로 도착한 거예요.

친구들: 브라스야, 안녕!

용 박사: 어서 오너라. 여기까지 오느라 힘들었지?

브라스: 네, 박사님. 그리고 친구들아, 안녕!

용 박사: 너희들 얼굴을 다시 보게 되어 반갑구나. 자, 오늘부터 지구와 우주 역사에 대해 이야기보따리를 풀어볼까?

파라스: 재미있을 것 같아요.

브라스: 박사님, 시작하기 전에 두 가지 질문을 드리고 싶어요.

용 박사: 그래. 궁금한 점을 말하렴.

브라스: 어떤 새가 특이한 소리와 행동으로 다른 동물에게 벌집이 있는 곳을 알려주었어요. 서로 다른 종인데 그런 행동을 자연스럽게 할 수가 있을까요?

용 박사: 오, 브라스가 보기 드문 장면을 목격했구나. 그 새는 **벌꿀길잡이새**

(indicator bird 혹은 honey bird)이고 그 짐승은 **벌꿀오소리**(ratel)란다. 창조주께서 처음부터 서로 도와가며 살 수 있도록 만드셔서 그런 거야(아프리카 탄자니아 하자(Hadza)족도 이 새의 도움으로 꿀을 찾아낸다고 함). '개미와 진딧물', '악어와 악어새', '유카나무와 유카나비'도 마찬가지인데, 이런 사이를 **공생**(共生, symbiosis, 서로 도우면서 함께 사는 것)이라고 하지. 진화론으로는 도무지 설명할 수 없는 창조 질서란다.

브라스: 그렇군요. 평소에 내가 싼 똥을 **공룡똥구리**가 둥글게 빚는 광경을 본 적이 있어요. 나중에 뒷걸음질로 데굴데굴 굴리면서 집으로 가져가는 거예요(농촌에서 태어나고 거기서 자랐던 필자는 어릴 적에 '소똥(혹은 쇠똥)구리'를 쉽게 관찰할 수 있었다. 공룡똥구리도 소똥구리와 같은 역할을 했을 것이다. 지금은 환경 오염으로 국내에서는 멸종되었음). 그럼 나도 그 곤충과 공생 관계네요?

용 박사: 음, 브라스는 공룡똥구리에게 먹이를 제공하고, 그 벌레는 네 주변을 깨끗이 청소해 주니까 그렇게 보아도 되겠구나. 신기한 점은 똥을 굴릴 때 낮에는 해를, 밤에는 달이나 별을 이용해 틀림없이 자기 집을 찾아간다는 사실이야.

브라스: 자연 세계는 알면 알수록 복잡하면서도 경이롭군요. 똥 이야기를 하니까 방금 생각이 났어요. 박사님 방에도 내가 늘 누던 똥처럼 생긴 데다 크기도 비슷한 것이 있었어요. 둘로 쪼개져 있었는데 그 안쪽은 반짝거렸죠(자료 10 참조).

용 박사: 그게 바로 브라스 조상의 '**분석**'(糞石, coprolith, 공룡 배설물(똥)로 이루어진 화석)이란다. 공룡똥구리가 치우기 전에 신속하게 퇴적물로 덮여 화석이 되었지. 그 과정에서 내용물은 광물로 **치환**(置換, 어떤 것을 다른 것으로 바꾸어 놓음)되어 광택이 나는 거야.

브라스: 그럼 내 똥도 화석이 되면 값비싼 보물이 되겠어요.

용 박사: 하하하, 브라스가 우스갯소리도 제법 하는구나.

브라스: 그럼 두 번째 질문인데요. 블랙드래건산 정상에 물결무늬가 있었어요. 물도 없고 높은 곳인데 무슨 이유로 거기에 있을까요?

용 박사: 자세히 관찰했구나. 사람들도 그 이유를 몰라 고개를 갸우뚱하거든. 나중에 노아 대홍수 강의 시간에도 언급하겠지만 간략하게 말해주마. 노아가 살던 시대에 지구 전체를 덮는 대홍수가 있었어. 그 물에 산꼭대기까지 잠겼다는 증거다(물론 대홍수 이전에는 지구가 하나의 육지로 이어져 있었고 낮은 산(山)만 존재했다. 그러나 약 1년간 지속된 대홍수 기간에 육지가 여러 대륙판으로 쪼개진 다음 이동하면서 충돌하여 융기가 일어났다. 그 결과 히말라야, 알프스, 로키산맥 등 고산(高山)이 형성되었음). 그런 지형을 전문 용어로 **연흔**(連痕, ripple mark, 물결의 파동에 의해 만들어지며 파도 형태를 지님)이라고 하지. 예전에 나도 중국 윈난성 **차마고도**(茶馬古道, 해발 4,000m 정도 되며 중국과 티베트, 네팔, 인도까지 연결된 고대 무역로)(자료 11 참조)와 미국 애리조나주 **그랜드 캐니언** 정상, 우리나라 고성 **계승사**(경남 고성군 영현면 대법리)(자료 12 참조)에서 이것을 관찰했었다. 물결무늬가 없어지기 전에 곧바로 저탁류라는 진흙이 덮어버려서 이렇게 보존된 거야.

브라스: 나의 예측이 맞았군요.

용 박사: 그럼 오늘부터 네 번에 걸쳐서 흥미로운 역사를 공부해 보자. 주제는 '천지창조와 죄를 지은 인간', '노아 대홍수', '빙하시대', '동굴 인간' 등에 관한 것이야. 이 중에서 '동굴 인간'을 제외한 나머지 세 가지는 지구 환경에 막대한 영향을 미쳤다는 점을 미리 기억하렴.

브라스: 친구들아, 천지창조라면 나도 자랑할 게 있어. 나를 만드신 분을 직접 만났거든.

스텔스: 거짓말! 네가 어떻게 그런 위대한 분을 뵐 수 있겠니?

엘라스: 맞아, 도무지 믿을 수가 없어!

티라노: 브라스가 만났다니 속는 셈 치고 일단 이야기나 들어볼까?

용 박사: 성경 『욥기』를 통해 나는 이미 알고 있었다. 브라스 말이 옳아. 창조주가 욥에게 브라스에 대해 설명하실 때 그 자리에 있었을 거야.

엘라스: 박사님, 그게 정말인가요?

브라스: 그렇다니까! 그분은 회오리바람 속에서 분명하게 "욥아, 저기 소처럼 풀을 뜯어 먹는 브라스를 보아라. 내가 너를 만들 때 브라스도 함께 만들었다."라고 말씀하셨단 말이야(욥40:15). 그 음성이 어찌나 우렁우렁하던지 넋을 잃을 정도였어!

케찰스: 우아, 숨이 멎을 정도로 놀랐겠다. 내가 그곳에 있었으면 이렇게 고운 날개를 접어 창조주께 공손히 인사를 할 수 있었는데.

파라스: 나도 그분께 멋진 트롬본 소리를 들려주었을 텐데.

용 박사: 전능하신 분이므로 지금 우리 대화를 듣고 계실 뿐만 아니라 너희들의 순수한 마음씨도 잘 아실 거야. 그럼 몇 차례에 걸쳐 '지구와 우주의 역사'에 대해 그 진실을 말해보겠다. 오늘은 첫째 시간으로 '천지창조와 죄를 지은 인간'에 대한 이야기란다. 우선 창조주가 6일 만에 우주 전체를 만드셨다는 사실을 아는 것이 중요하다.

이는 **엿새 동안에 주가 하늘과 땅과 바다와 그것들 안에 있는 모든 것을 만들고 일곱째 날 안식하였기 때문이니**…(출20:11)

셋째 스크린: 6일 창조 주간

친구들: 단지 6일 만에요?

용 박사: 물론 그 사실이 믿기지 않을 거야. 성경을 보면 천지창조에 관해 첫 장부터 기록되어 있지. 셋째 스크린을 보거라. 창조주는 **첫째 날**에 '시간', '공간', '물질'(=지구), '빛'을 만드셨다. 그중에서 '물질' 즉 '지구'를 창조하실 때 물에 덮인 상태로 지으시고 '자전'(自轉, rotation, 천체가 하나의 축을 중심으로 한 바퀴 도는 것)시키셔서 하루가 24시간이 되게 하셨어(태양은 넷째 날에 만드셨으므로 첫째 날부터 셋째 날에는 태양 대신 다른 빛을 통해 밤과 낮이 존재하게 하셨음). **둘째 날**에는 '지구 전체를 덮고 있는 물'을 둘로 나누어 '궁창(=하늘) 위에 있는 물'과 '궁창 아래에 있는 물'로 분리하셨고, **셋째 날**에는 '궁창 아래에 있는 물'을 한곳으로 모아 '육지'와 '바다'가 되게 하신 후에 육지에는 각종 '식물'을, **넷째 날**에는 '해', '달', '별'을, **다섯째 날**에는 '큰 고래'(great whales, 『킹제임스 성경』을 제외한 다른 성경은 '큰 바다짐승' 혹은 '큰 물고기'로 번역함. 진

화론자들은 '육상 동물'이 오랜 세월을 거쳐 '고래'로 진화되었다고 주장하지만, 하나님은 『창세기』 1장 21절에 처음부터 '고래'를 창조하셨다고 선언하심), '물고기', '날짐승'을, **여섯째 날**에는 '짐승', '기어다니는 동물', '사람'을 만드셨지. 마지막 **일곱째 날**은 '안식'(安息, 편하게 쉬는 것)하셔서 7일 주기를 완성하셨다(한자를 쓰는 중국어에는 지금도 이런 개념이 남아 있다. 예를 들어 월요일은 星期一, 화요일은 星期二, … 토요일은 星期六).

브라스: 그렇다면 케찰스와 엘라스 조상은 다섯째 날에, 나를 포함하여 나머지 친구들 조상은 여섯째 날에 창조하셨겠네요?

용 박사: 맞아. 다시 말하면 첫째 날(1st) 만든 공간에다 넷째 날(4th)에는 해와 달, 별을, 둘째 날(2nd) 만든 공간에다 다섯째 날(5th)에는 날짐승과 물고기를, 셋째 날(3rd) 만든 공간에다 여섯째 날(6th)에는 기어다니는 동물, 짐승, 사람을 만드셨다. 창조 6일을 기억하기 쉽게 정리하자면 **1st-4th, 2nd-5th, 3rd-6th**처럼 짝을 이루어 창조하셨지. 그리하여 온 우주가 창조 시작 6일 만에 완벽한 모습으로 운행했어. 구체적으로 천체를 보면 다양한 크기로 정교하게 만드신 후에 최적의 거리에 배치하신 거야. 예를 들어 태양은 달보다 400배가 크지만, 지구에서 볼 때 똑같은 크기로 보이는 이유는 태양과 지구와의 거리보다 달과 지구와의 거리를 400배 가깝게 배치하셨기 때문이다. 그 결과 지구에서 **일식**(日蝕, solar eclipse)이나 **월식**(月蝕, lunar eclipse)과 같은 멋진 우주쇼를 볼 수 있단다. 만일 지구와 태양과의 거리가 지금보다 10% 가깝거나 멀면 지구는 너무 덥거나 추워 대부분 생명체가 살 수 없었겠지. 마찬가지로 지구와 달 사이의 거리가 지금보다 10% 차이가 나면 밀물과 썰물 운동에 문제가 생겨 지구 환경에 치명적인 영향을 미치게 될 게 뻔하다. 별들도 마찬가지야. 별 사이 간격이 약간만 차이가 있어도 만유인력의 법칙이 파괴되어 우주가 존재할 수가 없다고 과학자

들이 말하고 있어. 어디 그뿐이겠니. 창조주는 셀 수 없을 만큼 밤하늘의 **별**(하나의 은하수에 10^{11}(천억)개 별이 있고, 은하수도 10^{11}(천억)개, 따라서 우주에 있는 별이 약 10^{22}개라고 추정함)을 창조하시고 별 하나하나에 이름까지 지으신 분이다 (시147:4, 사40:26).

그분께서 별들의 수효를 세시고 그것들을 다 그것들의 이름으로 부르시는 도다(시147:4)

브라스: 그 많은 별을 지으시고 하나도 빠짐없이 이름까지 지으셨다니, 그분의 능력을 헤아릴 수도 없군요.

용 박사: 또한 그 당시 지구는 '궁창 위의 물'로 둘러싸여 어느 지역이나 따뜻한 **아열대성 기후**였다. 기온이 같으므로 기압 차이가 없었어. 그 결과 바람이 불지 않았고 비도 내리지 않은 거야.

브라스: 아니, 비가 내리지 않았다고요?

용 박사: 물론이야. 그 대신 '안개'가 땅에서 올라와 식물이 자랐고(창2:5-6), 지하 샘에서 나온 물은 강과 시냇물을 이루었어. 게다가 공기 중의 산소(O_2)와 이산화탄소(CO_2) 농도가 높고 '궁창 위의 물'에 의해 태양에서 오는 해로운 광선이 차단되었지(물론 지구 자체도 거대한 자석이므로 자기장을 형성하여 우주에서 오는 유해한 광선을 막고 있음). 이런 완벽한 환경에서 인간은 창조주와 영원히 살 수 있었던 거야. 그렇지만 첫 인류인 **아담**과 **하와**(혹은 이브)가 그분의 명령을 어기고 죄를 지은 관계로 죽음이 찾아왔고 생태계 전체에 변화를 가져왔다.

브라스: 인간이 죄를 지었기 때문에 완벽했던 우주 질서에 금이 가기 시작했군요.

용 박사: 맞아, 그뿐만 아니라 동식물을 '**종류대로**' 창조하셨다고 '열 번'이나 말씀하셨지(창1). 따라서 어떤 종류가 한계를 뛰어넘어 다른 종류가 될 수 없다고 못 박으신 거야. 그럼에도 진화론자들은 **공통 조상**(common ancestor, 혹은 LUCA(Last Universal Common Ancestor))에서 수억 년에 걸쳐 각종 동식물로 진화되었다고 주장하고 있어. 육식공룡도 나중에 새(鳥)로 진화되었다는구나(영국 생물학자인 **토마스 헉슬리**(T.Huxley, 1825-1895)가 육식공룡이 진화하여 시조새가 되었다는 주장을 했고 지금도 많은 사람들이 그렇게 믿고 있음).

티라스: 맙소사! 육중한 뒷다리와 커다란 머리뼈를 지닌 우리가 하늘을 나는 새가 되었다니 참으로 어이없군요!!

용 박사: 각종 서적이나 학교, 방송 매체에서 진실인 것처럼 끊임없이 반복하니까 안 믿고 버틸 수 있겠니. 새(鳥)가 육식공룡에서 진화되었다는 증거로 A.D. 1999년 미국 지리학 협회에서는 '깃털 달린 공룡'을 발표했었다. 나중에 알고 보니, 어떤 중국인이 큰돈을 벌기 위해 공룡 화석에다 새 화석을 풀로 붙여 만든 모조품이었던 거야. 진화론자들이 파충류(공룡)와 조류의 연결 고리라고 주장하는 **시조새**(archaeopteryx, 독일 졸른호펜 석회암층에서 발견)도 대홍수 전에 하늘을 훨훨 날아다녔던 멸종된 새였단다. 육식공룡과 새는 신체 구조가 수십 가지나 달라 도저히 진화될 수 없어. 예컨대 새의 허벅지(thigh)는 약한 공기주머니 벽을 보강하기 위해 거의 움직이지 않아. 대신 무릎 관절(슬관절, knee joint)을 이용해 걷는 거야. 그렇지만 티라스를 보면, 허벅지 근육을 사용하여 고관절(hip joint)로 걸어 다니고 있지.

티라스: (뒷다리를 앞으로 내디디면서) 네, 이렇게요.

브라스: 맞아요. 지난 3월 강에서 만났던 악어도 신체 구조가 나와 다르게 생겼어요. 창조주가 목적에 맞도록 처음부터 완전하게 동물을 지으셨군요.

케찰스: 나 같은 날짐승도 그런 황당한 진화론에 콧방귀를 뀌는데, 많은 사람들이 의심하지 않고 믿고 있다니 이해할 수 없군요. 그런데 왜 지구를 먼저 창조하셨을까요?

용 박사: 케찰스가 수준이 높은 질문을 했구나. 지구가 얼마나 중요했으면 태양보다 지구를 먼저 만드셨겠니! 그분은 창조 6일 중에서 무려 5일 동안이나 심혈을 기울여 지구를 창조하셨다. 더욱이 지구에서 가장 중요한 존재인 '사람'이 살기에 알맞게 환경을 조성하셨어. 이것을 전문 용어로 **인간중심원리**(anthropic principle)라고 하지. 해(日)를 먼저 만드셨다면, 인간의 '태양 숭배 사상'은 훨씬 기승을 부렸을 거야. 태양은 단지 피조물에 불과할 뿐만 아니라 시간이 지날수록 그 크기와 세력이 줄어들고 있단다. 역사적으로 **여호수아**라는 사람이 **기브온** 백성을 구하기 위해 **아모리** 사람들과 전쟁할 때였지. 그가 낮 시간을 연장하기 위해 해(日)와 달(月)에게 명령하자, 그것들이 하루 정도 멈춰버렸어 (수10:12,13).

브라스: 오, 태양과 달이 멈추기까지 했다니!

케찰스: 온 우주에서 '지구', 그 가운데서 '사람'이 얼마나 소중한지 이제야 알았어요.

용 박사: 태양에서 지구가 생겼다는 주장이 얼마나 엉터리인지 알려줄까?

친구들: 네, 알려주세요.

용 박사: 태양(sun)은 수소(H)와 헬륨(He)과 같은 가스(gas)가 99%를 차지하고 있지. 반대로 지구(earth)는 철(Fe), 산소(O), 규소(Si), 마그네슘(Mg), 니켈(Ni), 황(S) 같은 무거운 원소로 되어 있다. 다시 말해 태양과 지구는 그 구성 원소부터 전혀 다른 거야.

브라스: 그렇군요. 지구가 태양에서 떨어져 나왔다면, 지구는 가스 덩어리라

야 맞겠죠.

오비라: 박사님 설명을 듣고 보니 지구는 특별한 천체라는 점을 확실히 알 수 있겠어요. 그렇지만 아직도 '6일 창조'가 안 믿어져요.

용 박사: 창조주의 능력은 상상을 초월한단다. 그분은 우주를 단지 6시간 아니 6초 안에도 창조하실 수 있지만, 사람의 생체 리듬을 위해 6일 동안 창조하시고 하루를 쉬셨다(이처럼 하나님은 7일 주기로 생체 리듬(circardian rhythm)이 작동하도록 창조하셨는데, 그 증거가 과학적으로 밝혀졌다. 송과선에서 분비하는 **멜라토닌**을 예로 들면 낮에는 햇빛으로 억제되지만, 밤에는 분비되어 수면을 유도함). 사람들은 이 사실을 믿지 못하고 수십 억 년 동안 서서히 진화되었다고 알고 있어. 게다가 성경에서 말하는 **하루**(Day)도 24시간이 아니고 1,000년 혹은 더 오랜 기간으로 여기는 거야.

스텔스: 박사님, 창조주가 셋째 날에 식물을 만드셨는데 하루가 그렇게 길었다면 여섯째 날에 창조된 우리 조상은 수천 년 동안 풀을 먹지 못해 굶어 죽었겠네요?

용 박사: 스텔스는 작은 뇌를 지녔어도 참 똑똑하구나(대부분 공룡은 뇌가 작은 편이다. 일례로 브라키오사우루스를 사람의 키만큼 줄인다면 사람의 뇌가 공룡의 뇌보다 10,000배나 큼). 그분은 합리적일 뿐만 아니라 상식적으로 세상을 창조하신 거야. 따라서 여섯째 날에 창조된 공룡은 3일 전에 만들어진 풀을 먹을 수 있었겠지. 초식공룡 분석만 보아도 그 진실을 알 수 있어. 그 속에서 식물 성분인 섬유질을 발견할 수 있거든(물론 육식공룡 분석에서는 뼈 성분이 검출되기도 함). 하지만 공룡이 멸종되고 나서 수백만 년 후에 식물이 생겨났다고 믿는 자들은 이런 분명한 증거 앞에 쩔쩔매는 거야.

브라스: 박사님이 주신 연필 한 자루도 저절로 생겼다고 믿지 않아요. 그런데 이보다 훨씬 복잡한 생물이 어떻게 저절로 생기고 진화되었다고 그들

은 믿지요?

용 박사: 창조 사실을 받아들이면 창조자의 존재를 인정할 수밖에 없으므로 오히려 진화론에 집착하는 거란다. 사람이 이용하는 자동차(내연 기관을 지닌 차량)와 비행기(보잉 747)는 각각 5만과 600만 개 이상의 부품으로 되어 있지만 이것들이 저절로 생겼다고 여기는 사람은 없어. 그런데 비행기보다 수천 배나 복잡한 수십억 개의 부품으로 되어 있는 사람의 세포가 단세포에서 스스로 진화되었다고 믿고 있으니 이 얼마나 모순투성이니!

브라스: 그래요. 그들의 논리는 앞뒤가 안 맞아요.

케라스: 이처럼 중요한 창조 사실을 기록한 성경은 어떤 책인가요?

용 박사: 적절한 질문이구나. **성령님**(하나님이시며 성도 안에 거하심)은 대략 40여 명의 사람들에게 하나님 말씀을 **대언**(代言. 대신하여 말함, 벧후1:20-21)하여 기록하게 하시고 동시에 그 말씀을 온전히 **보존**(保存, 시12:6-7)하신 책이야. 성경의 중심인물은 '주 예수 그리스도'이시다. 그 핵심적인 내용을 시간 순서로 살펴보면 넷째 스크린 '하나님의 시간표'와 같다. 너희들은 '구약 시대' 중에서 대홍수 이후 빙하기 말에 살고 있고, 나는 '신약 시대' 중에서 교회 시대 끝에 살고 있지(21세기 교회 시대에 속해 있는 우리는 **공중 재림** 혹은 휴거(携擧, rapture, 신랑(新郞) 되신 예수님과 신부(新婦)인 성도(Saint)가 공중에서 만나는 사건(살전4:16-18))를 앞두고 있다. 이어서 7년 동안 천국에서 **혼인 잔치**가 벌어지는데 그동안 지상에서는 **7년 대환란**(혹은 야곱의 고난의 때(렘30:7))이 일어날 것이다(단9:27). 천국에서 혼인 잔치와 지상에서 대환란이 끝나면 예수님이 **지상 재림** 하신다. 이때 혼인 잔치에 참석했던 성도들도 그분과 함께 내려와 이 땅에서 이루어지는 **천년왕국**에서 왕 노릇 할 것이다. 천년왕국은 성경 여러 책(계20:1-6, 딤후2:12, 사35:1-10, 사65:18-25, 겔40-48, 슥14:16-21 등등)에 기록되어 있는데 예수님께서 다윗 왕좌에 앉으시고 1,000년 동안 직접 예루살렘에서 통치하실 왕국이다. 그 후 **백보좌**(혹

은 **흰 왕좌**) 심판을 받아 예수님을 믿는 성도는 **새 하늘과 새 땅**에서, 불신자는 **불호수**에서 영원한 삶이 이어질 것임(계19:20, 20:14-15). 참고로 공중재림의 시기와 천년왕국의 유무에 대해 사람마다 견해 차이가 있을 수 있음을 밝혀둠).

넷째 스크린: 하나님의 시간표

먼저 이것을 알라. 즉 성경기록의 **대언**은 결코 어떤 사적인 해석에서 나지 아니하였나니 대언은 옛적에 사람의 뜻에 의해 나오지 아니하였고 오히려 하나님의 거룩한 사람들은 성령님께서 자기들을 움직이시는 대로 말하였느니라(벧후1:20-21)

주의 말씀들은 순수한 말씀들이니 흙 도가니에서 정제하여 일곱 번 순수하게 만든 은 같도다. 오 주여, 주께서 그것들(=말씀(혹은 단어)들, 『킹제임스 성경』 외에 다른 성경에는 '그들'이라고 번역함)을 지키시며 주께서 그것들을 이 세대로부터 영원히 **보존하시리이다**(시12:6-7)

케라스: 성경은 하나님이 인간에게 주신 특별하고도 고귀한 책이군요. 지구를 중심으로 온 우주(宇宙, universe)의 과거, 현재, 미래의 역사를 기록하고 있으니까요.

용 박사: 그렇단다. 한편 그분은 우주를 창조하실 때 수학 규칙을 사용하셨다.

파라스: 어렵다는 수학(數學)을 이용하셨다구요?

용 박사: 그래. 나도 학창 시절에 수학 공식을 외우느라 힘들었지만, 이 학문을 연구하면 할수록 창조주의 숨결을 느낄 수 있다. 이를테면 **피보나치수열**(fibonacci 數列, 이탈리아 수학자 레오나르도 피보나치(Leonardo Fibonacci, A.D. 1170-1250)가 발견)이 있는데, 피조물을 자세히 관찰하여 이 수열을 찾아낼 수 있단다. 처음 두 개의 항은 각각 1이고 세 번째 항부터 앞에 연속된 두 수를 합하여 이루어진 것이야. 구체적으로 나열하면 '1, 1, 2, 3, 5, 8…' 이런 식이지.

파라스: 아주 흥미롭군요. 그럼 8 다음 숫자는 5에다 8을 더하면 되니까 13이군요.

케찰스: 그다음은 8에다 13을 더하여 21.

오비라: 그다음은 13에다 21을 더하니 34.

엘라스: 이번에는 내가 해볼게. 21에다 34를 더해 55.

브라스: 나도 빠질 수 없지. 34에다 55를 더하면 89.

용 박사: (빙그레 웃으시면서) 옳거니, 이대로 계속하다가는 날 새겠다. 일례로 암모나이트 나선, 나뭇잎이 나는 잎차례, 해바라기 씨앗, 솔방울 등에서 이 수열을 발견할 수 있어. 사람들도 예술 작품(그림, 조각 등)이나 신

용카드, 사진을 만들 때도 3×5, 5×8, 8×13과 같은 숫자 조합을 선호하고 있단다(이렇게 가로와 세로가 이웃하는 피보나치수열로 되어 있으면 최고의 미적 효과를 얻을 수 있기 때문임).

스텔스: 솔방울에서도 발견할 수 있다고요?

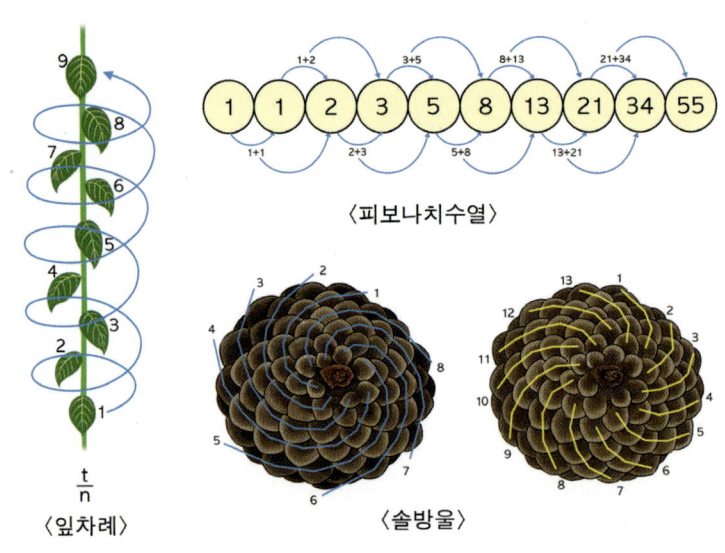

다섯째 스크린: 잎차례와 피보나치수열

용 박사: 물론이지. 다섯째 스크린에서 솔방울 밑면의 나선 개수를 세어보렴. 반시계 방향으로 여덟 개, 시계 방향으로 열세 개라는 사실을 알 수 있어. 잎차례(줄기에서 잎이 나와 배열하는 방식, t/n(t=줄기 회전수, n=잎의 개수)로 나타내며 반시계 방향으로 줄기 주위를 t번 회전할 때 잎사귀가 n개 나오는 현상. 예를 들면 참나무, 벚나무, 사과나무는 2/5, 배나무, 장미, 버드나무는 3/8, 갯버들, 아몬드는 5/13임을 알 수 있음)도 마찬가지야. 이것은 모든 잎사귀가 햇빛과 비를 골고루 받도록 피보나치 수만큼 반시계 방향으로 회전하면서 잎이 돋아나지. 또한 이 수열에서 **황금 비율**(golden ratio)이 나오는데, 이웃하는 두 수 중에서 작은 수를

큰 수로 나누면 0.618, 큰 수를 작은 수로 나누면 1.618로 수렴하는 비율이야(예:34÷55=0.61818…, 55÷34=1.61764…). 예를 들면 내 상반신과 하반신, 얼굴, 심지어 손가락 마디도 이 비율로 되어 있지. 그 외에 **대칭**(예: 바지락 껍질)뿐만 아니라 **프랙탈 구조**(fractal frame, 폴란드 출신 수학자 만델브로트(B.Mandelbrot)가 1975년 처음으로 이 용어를 사용)를 통해 동일한 패턴이 반복되게 창조하셨어. 고사리 잎이나 브로콜리를 볼 때, 매우 작은 부분이라도 전체 모양을 닮은 것은 이 구조 때문이란다. 창조주는 이처럼 여러 방법으로 만물(萬物)을 창조하셨기에 질서 있고 예쁘게 보이는 거야(또한 식물은 환경에 민감하게 반응하고 심지어 좋은 음악(예: 클래식, 국악)을 들려주면 건강하게 자란다는 사실도 밝혀짐).

파라스: 우리가 매일 먹는 잎사귀에도 그분의 아름다운 창조 손길이 숨어 있군요.

케라스: 여태껏 아무 생각 없이 배만 채웠지만, 이젠 그분의 솜씨를 음미하면서 먹어야겠어요.

용 박사: 마땅히 그래야지. 반대로 무신론자들은 식물이 아무런 규칙이나 질서가 없이 우연히 생겨났다고 믿고 있어.

케라스: 주변 환경과 우리 식구들 모습을 보면 창조주가 계신 것 같아요. 엊그제 풀을 뜯어 먹었는데 금세 무럭무럭 자라나고요. 머리에 있는 뿔을 보면 주둥이 쪽은 한결같이 짧게 자라지만, 눈 위에 있는 두 개는 길게 자라는 것만 보아도 그래요.

용 박사: 너희들처럼 의심하지 않고 단순하게 믿으면 얼마나 좋겠니. 유감스럽게도 최초의 인간 **아담**과 **이브** 두 사람은 **뱀**에 속아 창조주의 말씀을 믿지 못하고 그분의 명령을 어긴 거야(창3:1-6). 즉 **죄**(罪, sin. 사람이 일상생활을 하면서 법을 어기는 범죄(crime)와는 달리, 죄는 태어날 때부터 지은 것으로 원죄(原罪)라고도 함)를

지었다. 그 대가(代價)로 '뱀'(모든 짐승보다 저주를 더 받아 배로 다니며 평생토록 흙을 먹어야 함), '아담'(평생토록 고통 중에 양식을 먹게 하시고 땅이 저주를 받아 가시와 엉겅퀴를 냄), '이브'(자녀를 낳을 때 산통(産痛)이 있고 남편의 다스림을 받게 됨) 모두 벌을 받았고, 두 사람은 에덴동산에서 쫓겨나기까지 했지(창3:14-19). 그렇지만 그분은 동물을 죽여 그 가죽으로 옷을 만들어 입히시고 떠나보내셨어(동물을 죽이고 얻은 가죽옷으로 그들의 수치를 가리신 것은 장차 예수님이 인류의 죄를 없애기 위해 십자가에서 죽으실 것을 암시함(창3:21, 사61:10)). 그들의 죄는 그 피를 이어받은 후손에게 흘러 들어와 온 인류가 자동으로 '죄인'(罪人, sinner)이 되어버렸단다.

¹⁶주 하나님께서 남자에게 명령하여 이르시되, 동산의 모든 나무에서 나는 것은 네가 마음대로 먹어도 되지만 ¹⁷선악을 알게 하는 나무에서 나는 것은 먹지 말라. 네가 그 나무에서 나는 것을 먹는 날에 반드시 죽으리라, 하시니라(창2:16-17)

엘라스: 명령을 한 번 어겼는데 그 결과는 끔찍하군요. 이제 사람들은 살 소망이 사라졌나요?

용 박사: 아니야. 그분은 상황을 반전시키셨어. 사람의 죄를 없애기 위해서는 사람 대신에 반드시 흠이 없는 **희생물**(犧牲物, sacrifice)이 피를 흘려야만 했단다. 물론 인간 중에 그런 조건을 지닌 사람을 찾기는 불가능했지. 따라서 하나님이신 예수님이 직접 사람의 몸을 입고 태어나셔서(즉 성육신(成肉身)하심) 인간의 죄를 해결하실 희생물이 되셨다(따라서 예수님은 완전한 하나님인 동시에 완전한 사람이셨음). 다시 말해 흠이 없으신 그분이 사람들에게 버림을 받아 고난을 겪으신 후에 십자가에서 피를 흘리고 죽으셨다가 사흘 후에 부활하신 거야. 이것을 **복음**(福音, gospel, 복된 소식)이라고 말해.

이 복음을 믿고 회개하여 죄를 용서받은 사람은 '천년왕국'과 '새 하늘과 새 땅'에서 그분과 영원한 행복을 누리며 살고, 그렇지 않은 사람은 '지옥'과 '불호수'에서 끝이 없이 고통을 받게 된다고 말씀하셨어(참고로 세상 이치를 판단할 수 없는 어린아이나 사산아의 구원에 대해서는 다양한 견해가 있다. 이에 관해 필자가 쓴 『위 원장의 마취, 통증, 생명 이야기』 p. 238-244를 참조하실 것). 하나님이 얼마나 죄를 싫어하시면서 동시에 사랑이 많으신지 이제야 알겠지?

하나님께서 세상을 이처럼 사랑하사 자신의 독생자(=예수님)**를 주셨으니 이것은 누구든지 그를 믿는 자는 멸망하지 아니하고 영존하는 생명을 얻게 하려 하심이라**(요3:16)(독생자(The only begotten Son)는 '하나님께서 과거 어느 때에 물리적으로 낳은 아들'이 아닌 '하나님과 유일하게 특별한 관계를 맺은 아들'을 의미함)

파라스: 사람들의 죄를 해결(속량(贖良, redemption))하시기 위해 하나님이신 예수님이 사람 대신 죽으셨다가 다시 살아나셨다고요? 그리고 사람의 운명(運命)이 **천국**과 **지옥**으로 나뉜다고요?

용 박사: 파라스가 간결하게 정리했구나.

파라스: 박사님, 지옥은 과연 어떤 곳인지 궁금해요.

용 박사: 너무나 중요한 질문이므로 자세히 말해주마. '지옥'(地獄, hell)은 지구 중심부에 있단다. 불(fire)과 벌레(worm)가 영원토록 고통을 주고 한 가닥의 희망도 없는 곳이야. 혹자는 사랑이 많으신 하나님이 지옥을 만드셨을 리 없다고 말하기도 하고 어느 종교에서는 마음이 괴로운 상태가 지옥이라고 이야기해. 그렇지만 예수님께서 무려 세 번이나 거듭 말씀하시면서 지옥이 어떤 곳이며 얼마나 확실하게 존재하는지를 강조하셨다(막9:44, 46, 48, 사66:24. 지옥은 지구 내부에 있으므로 예수님도 십자가에서 돌아가신

후에 사흘 동안 '땅의 심장부' 즉 넓은 의미의 지옥(낙원)에 내려가셨고(마12:39-40, 행2:31) 영어 사도 신경도 이 점을 명시하고 있음(He was crucified, dead, and buried. He descended into hell). 참고로 성경에 지옥이 54회 나오며 구약의 '스올'(31회)과 신약의 '음부'(10회)도 지옥을 지칭함)! 그뿐만 아니라 실존 인물 두 사람(부자, 거지 나사로)이 죽어 한 사람(부자)은 '지옥'에, 다른 한 사람(나사로)은 '낙원'(지구 내부에 있으며 예수님이 부활하시기 전에 그분과 우편 강도, 구약 성도들이 갔던 곳. 예수님이 부활하시면서 예수님과 함께 그들 모두 셋째 하늘로 옮겨졌다. 따라서 현재 낙원은 비어 있으며 신약 성도들이 죽으면 곧바로 셋째 하늘로 옮겨진다고 추정함. 그렇지만 바울은 셋째 하늘과 낙원을 같은 장소로 표현하기도 함(고후12:2, 4 참조))에 갔던 사실도 직접 말씀하셨어(눅16:19-31)(자료 13 참조). 참혹한 지옥의 실체를 가장 잘 아시는 우리 주님은 어떤 악인이라도 지옥에 가지 않고 구원받아 천국에서 행복한 삶을 누리길 원하시는 분이시다.

거기서(=지옥)는 그들의 **벌레**도 죽지 아니하고 **불**도 꺼지지 아니하느니라(막 9:44, 46, 48)(『킹제임스 성경』을 제외한 다른 성경에는 44, 46절이 '(없음)'으로 되어 있음)

주 **하나님**이 말하노라. 사악한 자가 죽는 것을 내가 조금이라도 기뻐하겠느냐? 그가 자기 길들을 버리고 돌아와 사는 것을 기뻐하지 아니하겠느냐?(겔18:23)

파라스: 어휴, 끔찍해라! 뜨거운 불과 징그러운 벌레가 영원히 고통을 주는 곳이군요. 그렇다면 '천국'(혹은 새 예루살렘)은 어떤가요?

용 박사: 음, 인간 언어로 도저히 표현할 수 없겠다. 물론 이 세상 어떤 것과도 감히 비교할 수 없이 행복하고 아름다운 곳이란다. 구태여 비교하자면 다음과 같겠구나. 지구에 사는 사람들은 A.D. 1896년부터 4년마다 '올림픽'이라는 운동 시합을 개최하지. 어떤 사람이 어느 종목에 국

가 대표 선수로 선발되고 나서 그 경기에 우승하면 '황금으로 만든 메달'(금메달)을 차지하는 거야. 메달을 따는 순간 그 선수는 감격스러워 눈물을 흘릴 뿐만 아니라 그 나라 국민은 환호성을 지르겠지. 설령 이런 메달을 수천 개나 목에 걸지라도 천국에서 누리는 기쁨과는 비교할 수 없다고 나는 생각해.

파라스: 직접 겪어보지 않고는 말로 설명할 수 없는 곳이네요.

용 박사: 더구나 지상에서 살았던 행위에 따라 주님은 올림픽 금메달보다 귀중한 상(賞)을 주시겠다고 약속하셨어(반면에 불신자는 그 행위에 따라 벌을 받게 된다. 그러므로 이 세상에서 억울한 일을 당했을지라도 참고 견딜 수 있는 것은 나중에 주님께서 공정하게 심판하실 줄 믿기 때문임).

엘라스: 그렇군요. 그럼 사람을 속여 죄를 짓게 한 뱀은 어떤 존재인가요?

용 박사: 사실은 뱀의 배후에 '**사탄**'(Satan) 혹은 '**마귀**'(Devil)(그의 부하들은 '마귀들'(devils)이며 '귀신'(Demon, 죽은 사람의 넋)과 다름)가 있었고 본래 그의 이름은 **루시퍼**(Lucifer, 빛을 나르는 자. 『킹제임스 성경』에 오직 한 번 사탄의 이름이 기록됨(사14:12))야. 본래 사탄은 기름 부음을 받은 '**그룹**'(Cherub)이며 지극히 거룩한 인격체로 창조주가 만드셨어(겔28:14). 다시 말해 그분의 보좌를 지키는 자였지만, 교만으로 타락하여 사탄이 되었지(사14:13-17). 지금도 죄를 범한 천사와 함께 여전히 활동하면서 사람을 속이고 대적하여 죄를 짓도록 부추기고 있구나. '백보좌(白寶座, 혹은 흰 왕좌) 심판'이 있을 때까지 이런 사악한 행위를 멈추지 않을 거야. 아니 갈수록 심해지겠지(따라서 주님이 재림하실 때까지 주님이 허락하신 범위 내에서 모든 나라가 전쟁과 기근, 전염병 등을 통해 사회적, 경제적, 물질적 어려움을 겪게 될 것임).

오 아침의 아들 **루시퍼**야, 네가 어찌 하늘에서 떨어졌는가! 민족들을 약하

게 한 자야, 네가 어찌 끊어져 땅바닥으로 떨어졌는가!(사14:12)

엘라스: 욕심부리지 말고 자기 분수를 아는 것이 중요하군요.

용 박사: 암, 그렇고말고.

스텔스: 주님은 첫째 날에 '시간'(time)을 만드셨지만, 눈에 안 보여 실감 나지 않아요.

용 박사: 그럴 테지. 『창세기』 1장 1절을 보면 "**처음**에 하나님께서 **하늘**과 **땅**을 창조하시니라."라고 기록되어 있다. 다시 말하자면 첫째 날에 '시간'(=처음), '공간'(=하늘), '물질'(=땅)을 동시에 만드셨어. 왜냐하면 이 셋은 서로 분리될 수 없고 상호 작용을 하기 때문이란다. 더 나아가 **시간**도 세 가지(과거, 현재, 미래), **공간**도 세 가지(가로(x), 세로(y), 높이(z)), **물질**도 세 가지(고체, 액체, 기체)야. 심지어 **사람**과 **짐승**까지도 세 부분(영, 혼, 육)으로 만드셨어(전3:21). 창조주 **하나님**이 세 분(요일5:7, 성부 하나님, 성자 하나님(=예수님 혹은 말씀), 성령 하나님 이렇게 하나님은 세 분이시지만 '하나님'이라는 같은 속성을 지니셨으므로 삼위일체(三位一體)라고 함)이셨기에 세상도 삼위일체로 조성하신 거야.

브라스: 오, 박사님처럼 우리 공룡도 영, 혼, 육으로 되어 있네요!

용 박사: 그렇지.

티라스: 삼위일체 요소 중에서 하나만 없어도 안 되는군요?

용 박사: 물론이야. 예를 들어 **시간**을 구성하는 '과거', '현재', '미래' 중에서 어느 것 하나만 빠져도 '시간'이 성립될 수 없지. 여섯째 스크린에 나온 그림처럼 물질도 고체, 액체, 기체로 되어 있고 이 세 가지 요소 모두 필요해.

여섯째 스크린: 온도와 압력에 따른 물질의 세 가지 상태

하늘에 증언하는 세 분이 계시니 곧 아버지와 말씀(=예수님, 요1:14)**과 성령님이시라, 또 이 세 분은 하나이시니라**(요일5:7)

(삼위일체 교리를 확실하게 알려주는 말씀이다. 만일 하나님이 세 분이 아니고 ○○○ 증인의 주장처럼 한 분이면, 이단 교리인 '양태론'이 파생될 수밖에 없고 심지어 예수님을 피조물로 전락시키는 우(愚)를 범하게 됨)

누가 위로 올라가는 사람의 영과 땅으로 내려가는 짐승의 영을 아느냐?(전 3:21)

(다른 성경은 '영' 대신 '혼'으로 되어 있음. 짐승도 영이 있으므로 『민수기』 22장을 보면 나귀가 말을 하고, 소가 도살장에 끌려갈 때 눈물을 흘리기도 함)

스텔스: 머릿속이 점점 복잡해지는군요. 나처럼 뇌가 작은 공룡이 보아도 시간은 한쪽 방향으로만 계속 흐르는데 어떻게 박사님은 시간을 거슬러 이곳에 오실 수 있어요?

용 박사: (껄껄 웃으시면서) 시간이란 절대적이지 않아, 창조주가 만드셨으므로 그분이 허락하시면 시간을 초월할 수 있단다. 성경에는 **하늘**(heaven)이 세 가지가 있음을 보여주고 있다(비록 정경(正經, canon)은 아니지만 사도 베드로와 유다(예수님의 친동생으로 추정)가 각각 『베드로후서』와 『유다서』를 기록할 때 인용한 『에녹서』를 보면

셋째 하늘보다 더 높은 하늘까지 언급하고 있음(에녹1서71)). **첫째 하늘**은 공기와 구름이 있고 날짐승이 날아다니는 공간, **둘째 하늘**은 해와 달, 별이 있는 곳, **셋째 하늘**은 창조주 하나님이 거하시는 장소야(자료 14 참조). 사람이 셋째 하늘까지 가려면 첫째와 둘째 하늘을 통과해야 하는데, 인간의 능력으로는 불가능하지. 둘째 하늘이 워낙 넓어서 말이야. 그렇지만 시간을 점프하면 가능하고말고. 성경에도 이미 이런 사실이 기록되어 있다는 점이 놀랍지 않니! 주님께서 사도 '바울'을 셋째 하늘까지 채여 올릴 때도(고후12:2) 그랬고, '사탄'이 셋째 하늘에서 주님과 대화를 마치고 나서 땅에 있는 욥에게 내려올 때도(욥1:6-12) 시간의 한계를 뛰어넘은 거야. 그 외에도 6일 창조 주간에는 빛의 속도가 현재(약 30만km/h)보다 훨씬 빨랐다는 증거들이 있어. 그래서 해와 달, 별이 창조되고 나서 곧바로 거기에서 출발한 빛이 빠른 속도로 지구에 도달했겠지.

내가 그리스도 안에 있는 한 사람(바울이 자신을 지칭함)을 알았는데 그 사람은 십사여 년 전에 **셋째 하늘**로 채여 올라갔느니라(고후12:2)

브라스: 친구들아, 나도 처음 박사님을 만날 때 시간을 초월하는 체험을 했어.
스텔스: 맞아, 시간 여행도 하고 창조주까지 만나다니! 난 네가 부러워 죽겠어.
브라스: 눈에 보이지는 않아도 분명히 존재하는 '시간'을 만드시고 마음대로 다스리시는 그분의 능력은 끝이 없군요.
용 박사: 창조주(혹은 주님)가 만드신 자연 속에서 그분의 전능(全能)하심을 발견한 사람들이 수두룩하지. 영국 과학자인 **아이작 뉴턴**(Sir Isaac Newton, 1642-1727)은 성경을 깊이 연구하면서 변치 않는 '운동 법칙들'(관성의 법칙, 가속도의 법칙, 작용과 반작용의 법칙)을 발견하고 수학 '미적분'에 뛰어난 업적을 남

졌다. 미국 해양학의 아버지 **매튜 머리**(Matthew F. Maury, 1806-1873)(자료 15 참조)도 『시편』 8편 8절을 읽고 나서 '해로'(海路)를 발견했어. 나중에 바람과 해류를 연구하여 세계 최초로 '해양 지도'까지 제작하였다. 더 열거하면, **파브르**(J.H.Fabre, 곤충학), **린네**(C.Linnaeus, 분류법), **파스퇴르**(L.Pasteur, 예방접종), **캘빈**(L.Kelvin, 열역학), **패러디**(M.Faraday, 전자기학), **케플러**(J.Kepler, 천체역학), **보일**(R.Boyle, 화학), **멘델**(G.Mendel, 유전학), **모르스**(S.Morse, 무선전신), **줄**(J.Joule, 열역학) 등등이란다.

(스텔스는 서 있는 자리에서 자신의 앞발을 꼭 닮은 화석을 발견하고는 흠칫했다)

스텔스: 박사님, 여기에 내 발자국과 똑같은 모양이 바위에 새겨져 있어요!

용 박사: 어디 보자, 정말 그렇구나! 다음 노아 대홍수 강의할 때 상세히 알려주마. 어? 해를 보니 시간이 많이 흘렀군. 오늘은 이것으로 마치고 두 달 후에 여러 화석이 있는 이곳에서 다시 만나면 좋겠다.

친구들: 네, 박사님.

제6장

- 날짜: B.C. 2050년 음력 7월 15일
- 날씨: 빙하가 녹아 강물이 넘쳤고 먼지폭풍도 약하게 일어남

세 번째 만남
그리고 노아시대 대홍수

아침부터 태양이 트로픽랜드를 뜨겁게 달구기 시작했어요. 더위를 피해 시원한 그늘에서 두 달 전에 기록한 일기를 훑어보았어요. "그분은 창조 6일 동안 첫째와 넷째, 둘째와 다섯째, 셋째와 여섯째, 이렇게 날짜끼리 연관되게 창조하셨군." "그런데 창조 첫째 날부터 지금처럼 '하루'(day)에 한 번 지구가 자전하게 하셨어." "중요한 점은 태양과 달, 별보다 우주의 중심인 '지구'를 먼저 만드셨지." 그러자 태양이 예전과 다르게 보였고 아울러 시상(詩想)이 뭉게뭉게 피어올랐어요.

강렬한 태양아,
네가 아무리 용광로처럼 뜨거워도 넌 모르지
지구보다 나중에 만들어졌다는 사실을!

눈 부신 태양아,
네가 아무리 밝게 빛을 내도 넌 모르지
네 세력이 점차 줄어들고 있다는 사실을!

교만한 태양아,
네가 아무리 거대하게 보여도 넌 모르지
한낱 가스 덩어리에 불과하다는 사실을!

근면한 태양아,
네가 아무리 성실하게 일해도 넌 모르지
여호수아 명령에 종일토록 멈추었다는 사실을!

이렇게 하늘을 향해 외치자, 해가 겸연쩍게 웃는 듯싶었어요. 그래도 따스한 햇볕으로 우리 공룡이 활동할 수 있게 날마다 힘을 주니까 그렇게 고마울 수가 없지요. 다만 이 공룡 머리로 이해할 수 없는 점이 있어요. 주변에 참새를 비롯하여 까치, 비둘기 등등 온갖 새들은 동트기 전부터 힘차게 날아다닌다는 사실입니다.

출발하기 전에 몸에 붙은 흙먼지를 씻어내기 위해 라이프강으로 향했어요. '오늘도 리야단을 만나게 될까?' 기대 반 걱정 반이었어요. 설령 만나게 되더라도 지난번처럼 시빗거리를 안 줄 요량으로 강쪽으로 걸어갔지요. 강물 수위는 엉덩이가 잠길 정도로 불었고 물빛도 뿌옇게 흐린 거예요. 날씨가 더워 빙하가 많이 녹았나 봐요. 수심이 얕은 곳을 찾다가 마침 마음에 드는 곳을 발견했어요. 그 위치를 알려주는 랜드마크도 보였죠. 강둑에서 바깥쪽으로 열 걸음쯤 떨어진 둥근 쥐색 바위가 그것입니다. 지름이 5m 정도로 케라스 몸길이보다 약간 짧았어요. 게다가 내 뱃속에 들어 있는 위석 크기의 조약돌이 여기저기 박혀 있었어요.(직경 2mm 이상의 매끈한 자갈이 박힌 암석을 역암(礫巖, conglomerate)이라고 부르고 거친 자갈이 들어 있으면 각력암(角礫巖, breccia)이라고 함. 역암과 각력암은 퇴적암에 속하며 암석을 옮길 정도로 강렬한 물 흐름이 있었음을 암시함). "바닥은 짙은 주황색이므로 이것은 다른 장소에서 굴러왔구나." "도대체 누가 이 커다란 돌을 여기에 옮겨놓았지?"

그 바위를 기준으로 삼아 등이 잠길 때까지 엉금엉금 들어갔어요. 강 한가운데에서 걸음을 멈추고 무심코 상류 쪽을 바라보았어요. 그런데 지난번보다 더 가까운 거리에 리야단 머리가 물 밖으로 나와 있는 게 아닌가! 더구나 내가 있는 곳으로 천천히 내려오기 시작했어요. 바짝 긴장하여 심장 박동이 빨라졌지만, 심호흡하면서 다른 곳으로 눈길을 돌렸어요. 잠시 후 귓가에서 낭랑한 목소리가 울린 거예요. "어이, 앞다리가 긴 친구 안녕!" 고개를 살며시 돌린 뒤에 겁먹은 표정으로 어물어물 대답했어요. "머엇진 친구야, 아안녕!" 막상 인사를 나누자, 긴장이 풀리고 분위기가 부드럽게 바뀌더군요. 내 키와 비슷했지만, 독특한 생김새 덕분에 나보다 훨씬 늠름하게 보였어요. 온몸은 푸른빛 비늘로 촘촘하게 덮여 있는 데다 콧구멍에서는 검은 연기까지 나오는 게 아니겠어요! 리야단도 비늘에 붙은 오물을 씻어내느라 육중한 몸을 이리저리 움직였어요. 그때마다 물결이 파동을 일으켜 내 몸이 살짝살짝 흔들렸지만 싫지는 않았죠. 이젠 어떤 공룡을 만나더라도 놀라지 않을 것 같았어요. 나도 목이 잠길

때까지 자세를 낮추고 좌우로 흔들면서 흙먼지를 씻어냈어요.

갈 길이 멀어 리야단과 인사를 나누고 헤어졌어요. 솔랜드로 가는 두 갈래 길 중에서 오늘은 강둑길로 가고 싶었지요. 길을 따라 내려가면서 하마 가족을 만났어요. 수면 위로 머리만 빼꼼히 내밀고 있었죠. 삼백 걸음쯤 걸었을까요. 눈앞에 블랙드래건산이 떡 버티고 있었는데 마치 '바짝 엎드린 리야단'처럼 보였어요. 게다가 라이프강이 산 중앙을 가로질러 흐르는 거예요. 강물이 저렇게 단단한 바위산을 뚫고 흐르다니! 무척 신기하면서도 생소했어요. 둑길이 끝나고 산길로 이어졌는데 거기서부터는 두 달 전에 밟았던 곳이라 낯설지 않았어요. 이번에는 약속 시간 안에 도착하려고 걸음을 멈추지 않은 것입니다.

산 중턱에서 잠깐 쉬고 있을 때 왼쪽 발등이 살짝 간지러웠어요. 어? 녹색 물결이 발등을 가로질러 움실움실 움직이고 있네? 주의 깊게 살펴보았더니 글쎄 개미들이 자신보다 몇 배나 넓은 나뭇잎을 나르고 있었어요**(파라솔 개미(parasol ants) 혹은 가위개미(leaf cutter ants)가 잎사귀를 잘라 이동하는 모습은 마치 파라솔을 쓰고 가는 것처럼 보인다. 집으로 잎을 운반하여 버섯이나 작물을 재배하는 데 이용함)(자료 16 참조)**. 내 몸뚱이와 비교하면 이들은 얼마나 자그마한가! 그런데도 머리, 가슴, 배가 적당한 간격으로 연결되어 있고 커다란 눈과 턱, 더듬이, 다리까지 어느 것 하나 부족한 것 없었어요. 개미 떼가 쉬지 않고 일하는 모습을 관찰하다가 시간 가는 줄 몰랐던 것입니다. 다시 힘을 내어 산 정상까지 올랐어요. "저기 솔랜드가 보이는구나." 내려가면서 친구들을 헤아렸어요. 나만 빼고 모두 도착한 거예요. "오늘도 지각했군."

브라스: 박사님, 안녕하세요? 친구들 안녕!
용 박사: 더운 날씨에 오느라 수고 많았다.

친구들: 브라스야, 안녕!

티라스: 목이 빠지도록 너를 기다리고 있었어.

브라스: 미안해. 다음에는 더 일찍 출발할게. 박사님, 사실은 오는 길에 몇 가지 살펴보느라 늦었어요.

용 박사: 이번에는 브라스가 어떤 궁금한 점을 쏟아낼까?

브라스: 이 작은 머릿속에 세 가지 질문이 들어있어요. 첫째 새들은 해가 떠오르지 않아도 힘차게 날아다닐 수 있는 이유이고요. 둘째는 지름이 5m나 되는 바위가 생뚱하게 다른 곳에 놓여 있는 점입니다. 끝으로 라이프강이 블랙드래건산을 뚫고 흐르는 현상도 신기했어요.

용 박사: 브라스가 예리하게 관찰했구나.

용 박사: 먼저 창조주가 날개 있는 케찰스를 제외하고 물에 사는 엘라스와 육지에 사는 너희들을 **냉혈동물**(冷血動物, cold-blooded animal, 변온동물이라고도 함)로 만드셔서 그렇단다. 스스로 열을 만들어 낼 수 없고, 몸 밖에서 얻어야만 활동할 수 있는 구조로 말이야. 반면에 사람뿐만 아니라 새와 사자, 호랑이, 곰 같은 짐승은 **온혈동물**(溫血動物, warm-blooded animal, 항온 혹은 정온동물이라고도 함)이므로 몸속에서 스스로 열을 생산해 일정하게 체온을 유지할 수 있지. 아침 일찍부터 이들이 활동할 수 있는 이유를 이제 알겠지? 하지만 진화론을 신봉하는 과학자들은 "육식공룡이 진화되어 새가 되었으므로 새와 공룡은 똑같이 온혈동물이다."라며 억지 주장을 하고 있구나. 그런데 온혈동물의 99%는 코에 **비갑개**(鼻甲介, turbinate, 비강에 있는 소용돌이 모양의 구조물. 허파로 들어가는 공기의 습도와 온도를 올려주는 역할을 함)가 있지만 너희들은 악어처럼 비갑개가 없다는 사실만으로도 냉혈동물임을 알 수 있어. 게다가 온혈동물이었다면, 냉혈동물보다 열 배나 많이 먹어야 해. 하루 종일 먹이를 찾아다닐 수밖에 없겠지.

둘째 질문에 대해 답을 할 차례구나. 다른 곳에서 이동한 돌을 **표이석**(erratic stone, 혹은 전석(轉石))이라고 하는데, 오늘 강의 주제인 '노아 대홍수'와 깊은 관련이 있다. 즉 홍수에 의해 다른 곳으로부터 이동하여 현재 위치에 있었을 거야(자료 17 참조). 바위 지름이 5m이므로 그것의 다섯 배의 수심 즉 25m 이상의 엄청난 물에 의해 이 돌이 옮겨졌겠다. 마지막 질문도 역시 대홍수를 빼놓고 설명할 수 없는데 이것을 **수극**(水隙, water gaps)이라고 해. 홍수 후반기에 물이 바다로 빠지면서 융기했던 산맥을 침식시킨 결과란다. 일곱째 스크린을 가, 나, 다, 라 순으로 보렴. 마치 댐 위로 물이 넘치듯이 판상(板狀)으로 산맥 위를 흐를 때 주변보다 낮은 부분은 침식이 많아 홈(notch)이 쉽게 만들어지지. 물이 줄어들수록 그 홈을 통과하는 물 흐름이 빨라지므로 더욱 커져 마침내 산은 두 동강이 난 거야. 이렇게 물이 거대한 힘을 발휘할 수 있었던 이유는 아직 퇴적층(혹은 지층)이 굳어 있지 않았기 때문이다. 라이프강이 수만 년 동안 흐르면서 단단한 블랙드래건산을 조금씩 뚫어 이렇게 된 것이 아니란다. 물은 높은 곳에서 낮은 곳으로 흐르다가 장애물이 있으면, 옆으로 돌아갈 뿐이거든(참고로 풍극(風隙, wind gap)이 있는데 이는 과거에 수극이었지만 주변 지형이 융기되거나 침식이 일어나 현재 물 대신 바람만 통과하는 지형을 말함).

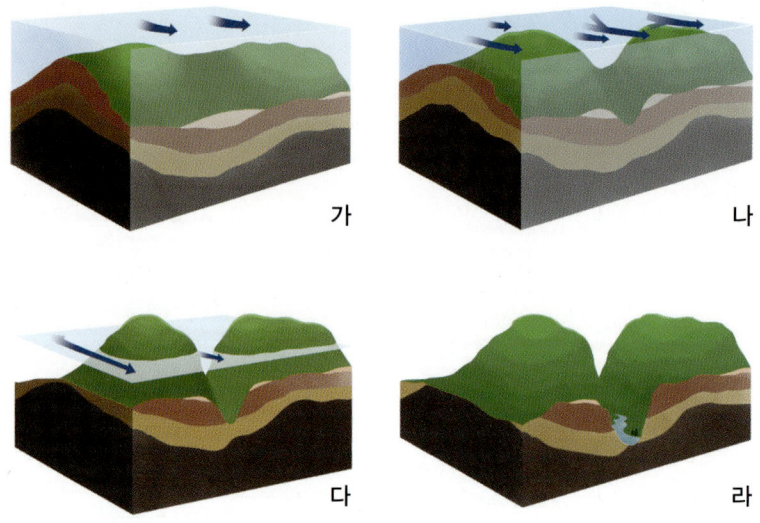

일곱째 스크린: 수극이 형성되는 과정

노아 대홍수가 온 지구를 덮쳤으므로 전 세계적으로 수극이 아주 많이 있어. 내가 미국 워싱턴 주에 있는 팔로스 지역을 여행할 때도 수극을 관찰했단다. 본래 팔로스 강은 와쉬투크나 협곡(Washtucna canyon)을 통해 콜로라도강으로 흘렀었지. 그런데 미졸라 호수(Lake Missoula, 빙하가 녹아 형성된 것으로 수심은 약 600m)가 붕괴되어 물이 이 협곡으로 쏟아지자, 옆에 있던 현무암으로 된 능선에 수극을 만들었단다. 그 결과 현재 팔로스 강은 이 수극을 통해 콜로라도강이 아닌 스네이크강(Snake river)으로 흐르고 있어(자료 18 참조).

브라스: 박사님 답변을 듣고 나니 오래된 체증이 내려간 것 같아요.

용 박사: 오늘은 창조과학 두 번째 시간인데, **노아시대 대홍수**에 관해 이야기해 볼까? 이것은 지구 역사상 '천지창조' 다음으로 규모가 큰 사건이었다. 창조주가 세상을 만드시고 나서 대략 1656년 뒤에 일어났는데, 그 연대는 B.C. 2348년쯤 되었을 거야(천지창조와 노아 대홍수 연대는 『창세기』 5

장과 6장, 『역대상』 1장을 통해 얼추 계산할 수 있음. 이를 통해 어셔(J.Ussher), 존스(F.Jones), 벌링거(E.W.Bullinger)는 천지창조 연대를 B.C. 4004년으로 추정함). 그 당시 온 세상은 극악무도한 폭력이 난무한 데다 '하나님의 아들들'(타락한 천사들(유6))과 '사람의 딸들'(아담과 하와의 후손 중에서 가임 여성)이 비정상적인 결혼을 하여(창6:1-4) 유전자가 변형된 거인들(예: 네피림)이 태어났어(『창세기』 18, 19장을 보면 천사는 성인 남자의 모습으로 나타나 식사도 했으므로 생식 능력도 있었을 것으로 추정한다. 타락한 천사도 이와 마찬가지였을 것이다. 지금까지 천사는 카톨릭 성당에 있는 그림처럼 날개가 달렸다거나, 여자 혹은 아기 모습으로 나타나지 않았고 대신 청년(막16:5-6)이나 나그네(히13:2) 모습을 보였고 앞으로도 그럴 것임).

당시에 땅에는 **거인들**이 있었고 그 뒤에도 즉 **하나님의 아들들**이 **사람들의 딸들**에게도 들어와 그들이 저들에게 아이들을 낳았을 때에도 있었는데 바로 이들이 옛적의 강력한 자들 즉 명성 있는 자들이 되었더라(창6:4)

용 박사: 그래서 창조주가 대홍수를 통해 지구 전체를 심판하기로 작정하신 거야. 『창세기』 6장부터 8장까지 약 1년간 지속된 홍수 심판이 아주 상세하게 기록되어 있단다. 사람들은 이 홍수 사건을 고대 중동 지방 전래동화에 나오는 '지역적 홍수'쯤으로 여기지만, 예수님과 베드로는 전 지구적이며 실제 역사로 인정하셨다(마24:37-39. 만약 지역적 홍수였다면 첫째. 노아와 그의 식구들, 동물들은 방주에 탈 필요가 없이 산이나 지대가 높은 곳으로 피신하여 목숨을 보존했을 것이다. 둘째, 주님은 대홍수 후에 무지개를 보여주시면서 다시는 이런 거대한 홍수를 보내지 않겠다고 약속을 하셨는데(창9:11-17). 현재도 지역 홍수가 셀 수 없이 발생하므로 주님은 수도 없이 약속을 어기신 분이 될 수밖에 없다. 셋째 방주가 호수나 바다로 떠내려가지 않고 높은 아라랏산으로 올라간 사실도 어느 지역에 국한된 홍수가 아님을 알 수 있음).

³⁷그러나 노아의 날들이 어떠했던 것 같이 사람의 아들(=예수님)이 오는 것(=재림)도 그러하리라. ³⁸홍수 이전 시대에 노아가 방주로 들어간 날까지 그들이 먹고 마시고 장가가고 시집가고 하다가 ³⁹홍수가 나서 그들을 다 쓸어버릴 때까지 알지 못하였나니 사람의 아들이 오는 것도 그러하리라(마24:37-39)

(과거 노아 시대 사람들은 구원에 무관심할 뿐만 아니라 타락하고 온갖 악행을 행하여 방주에 오른 노아 식구 여덟 명만 홍수 심판에서 살아남은 것처럼, 주님이 재림하실 때에도 비슷한 상황이 반복될 것이라는 말씀)

브라스: 지금으로부터 약 300년 전에 대홍수가 났군요?

용 박사: 올해가 B.C. 2050년이므로 그렇구나(2348-2050=298).

파라스: 지구 전체를 삼킨 대홍수가 일어났고 1년 동안이나 계속되었다고요?

용 박사: 믿지 못하겠지만 다음과 같은 메커니즘으로 가능했었다. 우선 운석들이 지구에 떨어져 수많은 화산과 지하 깊은 샘들이 동시에 터졌어. 그리하여 막대한 용암과 물이 다섯 달 동안 솟아났겠지. 그 증거로 지구와 가까운 달, 금성, 화성에 셀 수 없는 운석 충돌 자국이 있구나. 이어서 화산재가 상승하여 둘째 날 만들어진 '궁창 위의 물층'을 자극해 40일 밤낮으로 비가 쏟아졌을 거야. 그리하여 홍수가 시작된 지 **150일**(5개월)이 되자 지구 전체가 물에 잠겼어. 그러면서 쓰나미와 함께 **저탁류**(底濁流, turbidity current, 해저 경사면을 따라 물과 함께 이동하는 고밀도 퇴적물의 흐름을 말하며 시속 100km/h 정도 빠르게 이동함)가 여섯 번 밀려와 해저부터 육지까지 여섯 개의 '거대하고 연속된 퇴적층'(megasequence, 역암, 사암, 셰일, 석회암으로 이루어진 암석 덩어리)을 만들었다. 나머지 7개월 동안은 물이 빠지면서 아직 굳어지지 않은 퇴적층을 침식시켜 오늘날 지형이 되었지.

엘라스: 오, 얼마나 대단한 사건이었는지 가늠할 수가 없군요! 그러면 물에서

사는 동물을 제외하고는 다 죽었나요?

용 박사: 아니란다. 창조주는 긍휼이 많으셔서 의로운 노아 식구 여덟 명, 코로 호흡하는 짐승과 기어다니는 동물은 한 쌍씩, 정결한 날짐승은 일곱 쌍씩 방주(方舟, ark, 예수 그리스도를 상징하기도 함)에 오르게 하셨어. 그리고 일주일 후에 홍수가 시작되었다. 물론 방주에 오르지 못한 수억 명의 사람들과 코로 호흡하는 수많은 동물들은 1년 동안이나 지속된 홍수로 모두 죽었고, 일부는 화석(化石, fossil)으로 남았겠지. 물고기도 대부분 죽었을 거야.

티라스: 지구는 끝이 안 보일 정도로 드넓은데 어떻게 각종 동물이 방주로 들어갔을까요?

용 박사: 홍수 전에는 지구가 하나의 대륙으로만 되어 있고 높은 산도 없어서 가능했단다. 더구나 창조주가 직접 관여하셨기에 아무런 어려움이 없었을 거야. 그 외에도 동물들이 사람을 두려워하지도 않았어(창9:2).

브라스: 박사님 방에 있는 화석도 대홍수 기간에 만들어졌군요?

용 박사: 그래, 조건이 맞아야 생성되는 거야. 퇴적층에 묻힌 수십억 개의 화석 대부분은 노아 대홍수 시기에, 나머지는 빙하시대에 생성되었다. 대홍수 때는 저탁류로, 빙하시대는 눈사태나 산사태, 혹은 먼지폭풍으로 살아 있는 동식물이 신속하게 매몰되어 화석이 되었어. 물고기를 예로 들어보자. 부패하기 전에 퇴적물로 덮이지 않으면, 다른 포식자가 먹어 치우거나 공기 중의 세균에 의해 썩어 보존될 수가 없지. 그래서 브라스가 보았던 삼엽충, 조개, 물고기, 상어 이빨, 고사리 등 수십 종류의 화석은 부패한 것이 하나도 없고 그 형태가 고스란히 남아 있었던 거야.

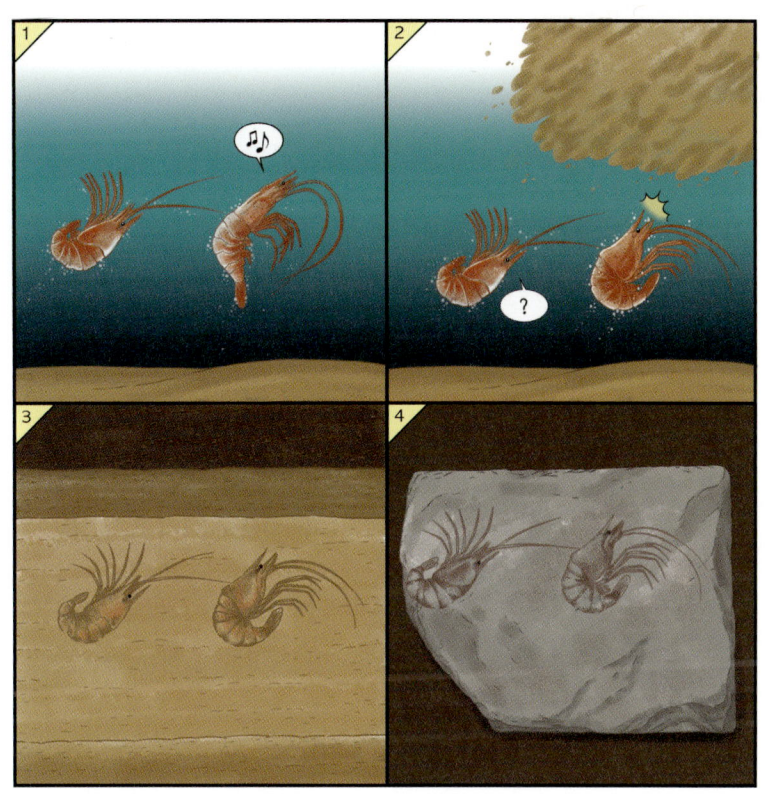

여덟째 스크린: 새우 화석이 만들어지는 과정

여덟째 스크린은 내 서재에 있는 새우 화석이 만들어지는 과정을 순서대로 나타낸 그림이야. 맨 마지막⑷ 외골격에 둘러싸인 새우 두 마리를 보아라. 머리, 가슴, 배는 물론이고 꼬리부채와 더듬이, 겹눈, 가슴과 배에 있는 다리까지 잘 보존되어 있지?(자료 19 참조) 이처럼 화석은 살아 있을 때 짧은 시간에 대격변을 겪었다는 증거를 지니고 있다.

브라스: 맞아요. 하나도 빠짐없이 그 형태가 선명하게 보존되어 있었어요.

용 박사: 화석과 연관이 있고 학생들 교과서에 '약방의 감초'(한약에 감초가 거의 들어 있는 것처럼, 어떤 일에 빠짐없이 사람이나 물건이 등장하는 것을 이르는 말)처럼 등장하는 그

제6장 세 번째 만남 그리고 노아시대 대홍수   **127**

림이 아홉째 스크린에 보이는 **지질주상도**(혹은 **지질계통표**. 이론적으로 표준화석을 정한 뒤에 상상만으로 만든 지질 도표)야. 지층을 열두 층으로 나누고 그 층에 해당하는 생물을 그려놓은 다음, 수억 년 동안 생물이 **고생대 → 중생대 → 신생대**로 이동하면서 진화되었음을 입증하는 그림이라고 해. 다시 말해 대략 5억 4,000만 년 전(고생대 캄브리아기)에 삼엽충과 무척추 동물이 출현하고 나서 오랜 세월 동안 다양한 생물로 진화가 되었음을 나타낸다고 하지. 그렇지만 지구상에 이런 열두 층은 존재하지도 않아. 사실은 조금 전에 말한 것처럼 1년간 지속된 노아 대홍수 시기에 거대한 쓰나미와 함께 저탁류가 여섯 차례 몰려와 해저에서 육상까지 퇴적층이 만들어졌고 그 퇴적층에 생물이 신속하게 묻혔음을 드러내는 거야. 좀 더 구체적으로 설명하면, 홍수 초기에는 활동이 둔한 조개류와 삼엽충, 물고기가, 중기에는 물이 더 불어나 육지 식물이 저탁류에 묻히고, 후기에는 공룡을 포함한 대부분 육상 동물과 사람이 물에 빠져 죽고 일부는 흙에 묻혀 화석으로 남아 있음을 보여줄 뿐이다.

시대	시기		동식물
신생대	제4기	홀로세	
		플라이스토세	
	제3기	플라이오세	
		마이오세	
		올리고세	
		에오세	
		팔레오세	
중생대		백악기	
		쥐라기	
		트라이아스기	
고생대		페름기	
		펜실바니아기	
		미시시피기	
		데본기	
		실루리아기	
		오르도비스기	
		캄브리아기	

아홉째 스크린: 지질주상도

브라스: 그렇군요. 그런데 진화론자들은 화석의 연대를 어떻게 결정하나요?

용 박사: 그들은 소위 **순환 논리**(circular reasoning)를 통하여 연대를 매기고 있어. 이 논리를 이해하기 쉽게 예를 들어보겠다. 옛날에 '트루 왕국'(True Kingdom)이 세워졌지. 오랫동안 이어온 선대 왕위를 물려받아 '트루 왕'(True King)은 이 왕국을 잘 다스리고 있었어. 그러던 어느 날 이웃 나라에서 온 어떤 부부가 트루 왕국 대광장에서 "이 나라를 통치할 자는 우리들이다."라면서 자칭 '폴스 왕'(False King)과 '폴스 왕비'(False Queen)라고 외치고 다닌 거야. 무지몽매(無知蒙昧)한 백성들은 처음에 그들의 말을 무시했지만 계속 듣다 보니 점차 현혹되기 시작했지. 상황을 심상치 않게 여긴 트루 왕은 자초지종을 듣기 위해 호위병에게 그 부부를 왕궁으로 데려오게 했어. 그리고 남자에게 묻길 "무슨 근거로 그대가 이 나라 왕이냐?" 그러자 그는 "제 아내가 왕비이므로 제가 왕입니다." 이번에는 부인에게 물었지. "당신은 무슨 근거로 이 나라 왕비가 되느냐?" 그녀가 대답하길 "제 남편이 왕이므로 저는 당연히 왕비입니다." 어이없고 기가 막힌 트루 왕은 나라 질서를 무너뜨리는 그 부부를 추방할 수밖에 없었다는 이야기야.

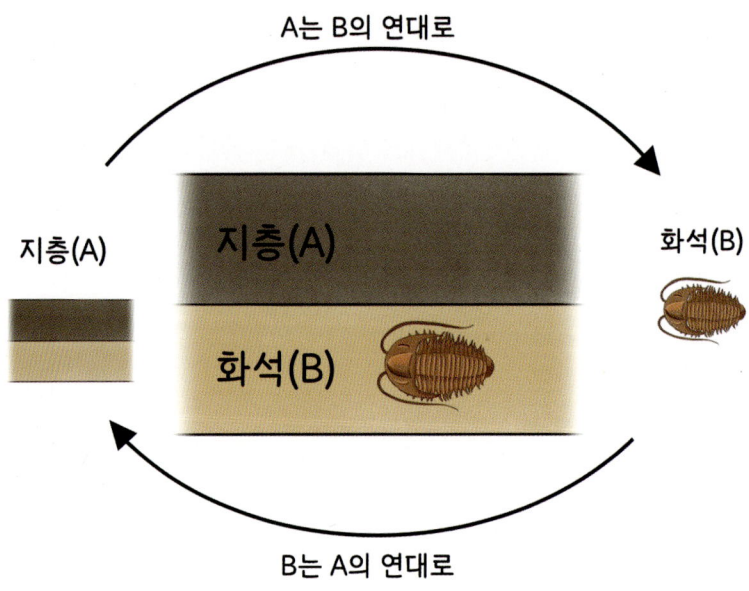

열째 스크린: 진화론자들의 순환 논리

이와 같은 논리로 진화론자들은 화석이나 지층의 연대를 정하고 있어. 가령 고생대를 대표하는 삼엽충이 어떤 지층에 있다고 하자. 그러면 삼엽충의 연대는 그 삼엽충이 있는 지층의 연대로 산정하고, 역으로 지층의 연대는 그 지층에 있는 삼엽충의 연대로 삼는 거야. 열째 스크린이 이 사실을 잘 나타내주고 있다.

브라스: 진화론자들은 비합리적인 순환 논리를 이용하고 있었네요. 그런데 그들이 화석 연대를 어떤 근거로 구체적인 숫자까지 제시했는지요?

용 박사: 그래, 자세히 설명하마. 화석이나 지층의 연대를 측정하는 방법으로 **방사성 연대 측정법**(radioactive dating)이 있단다. 그중에서 **탄소동위원소**(^{14}C, 5,730년마다 반감되어 ^{14}N로 변하는데 10만 년이 지나면 검출이 안 됨)와 **우라늄동위원소**(^{238}U, 반감기가 44.6억 년인데 마지막으로 ^{206}Pb(납)이 됨)를 사용하는 방법이 대표적이야. 이 동위원소들은 불안정하기 때문에 일정한 반감기를 통해 안

정된 상태로 바뀌는 현상을 이용하지. 전자(前者)는 수천 년의 비교적 짧은 연대를, 후자(後者)는 수십억 년의 긴 연대를 측정하는 데 사용해. 하지만 세 가지 변수가 없어야 정확하게 연대를 계산할 수 있어. 쉽게 설명하기 위해서는 열한째 스크린에 나오는 모래시계가 적당하겠구나. 이 모래시계가 제대로 작동하기 위해서는 세 가지 조건이 맞아야 해. 처음 윗부분에 있는 모래가 얼마나 많이 있었는지 몰랐다거나 유리가 깨져 외부로 모래가 빠져나왔다든지 혹은 목 부위가 수축하거나 팽창하여 떨어지는 속도가 변했다면 그 모래시계는 믿을 수 없겠지. 마찬가지로 화석이나 암석에 들어 있는 방사성 동위원소가 '모원자'(parent atoms)로만 되어 있지 않았다거나 '파생원자'(daughter product atoms, 혹은 자원자)가 유입이나 유출이 발생했다든지 '붕괴속도'가 변했다면 방사성 연대 측정법은 전혀 다른 결과를 보여줄 거야.

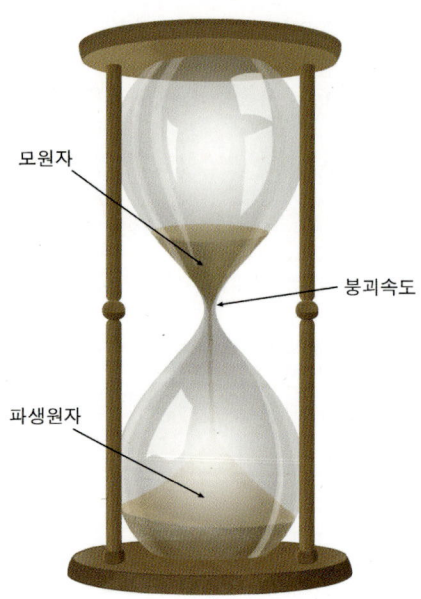

열한째 스크린: 모래시계

실제로 살아 있는 달팽이 껍질을 탄소동위원소로 측정했더니 무려 27,000년으로 나왔어. 또한 1980년 5월 18일 미국 세인트헬렌 화산이 폭발할 때 생성된 암석을 우라늄동위원소로 측정했더니 280만 년으로 생각보다 훨씬 길게 나왔지(실제보다 대략 63,000배나 과장됨). 이 방법을 사용하여 지구의 나이가 무려 45억 년이 되었다고 주장하는 거야(지구의 나이를 성경에서 말하는 6,000년이 아니고 45억 년으로 보는 또 하나의 이유는 지질학자와 천문학자 사이에 순환 논리가 이용되고 있기 때문이리라. 즉 지질학자는 천문학자의 오랜 연대를 믿고 반대로 천문학자는 지질학자의 오랜 연대를 믿기 때문이다. 또한 주님은 아담과 하와를 어린이가 아닌 성인으로 창조하셨을 뿐만 아니라 지구도 소위 '성인 지구'로 만드셨으므로 오래된 것처럼 보인다. 그렇지만 대기 속 헬륨의 양, 지구 자기장, 지구 자전 속도, 태양 수축 현상, 혜성의 붕괴, 유기물의 붕괴속도 등을 살펴보면 모두 젊은 지구를 지지하고 있다. 자세한 내용은 필자의 책 『창조세계와 과학의 올바른 나침반』 p. 101-104 참조하실 것).

브라스: 모래시계로 설명해 주시니 쉽게 이해했어요. 세 가지 전제 조건에 맞지 않으면 엉뚱한 결과가 나오는군요.

엘라스: 우리 주변 퇴적층은 수억 년에 걸쳐 쌓인 것이 아니고 단지 1년 안에 쌓였군요. 그렇지만 쓰나미와 함께 몰려오는 저탁류를 피할 수 없었나요?

용 박사: 물론이지. 그 속도가 무려 시속 100km나 되기 때문이야.

브라스: 굉장히 빠르군요. 그럼 온 지구를 덮었던 그 많은 물은 어디로 갔을까요?

용 박사: 중요한 질문을 하였구나. 창조주는 홍수가 물러갈 때도 두 가지 방법을 사용하셨다. 성경(시104:6-8)에 나오는데 **산을 높게** 만드시고 **바다를 깊게** 하신 거야. 거듭 말해 사람이 거주할 수 있도록 육지를 들어 올리셨으므로 우리가 살아갈 땅뿐만 아니라 알프스, 히말라야, 로키산맥처럼 높은 산이 생겼어(자료 20 참조). 동시에 해저(海底)도 깊게 하셔서 지구를 덮은 물이 바다로 흘러 들어가게 하셨단다.

브라스: 그렇군요. 노아는 배를 어떻게 만들었기에 이런 대홍수에도 끄떡없었을까요?

용 박사: 그 배(방주(方舟): 네모난 배)는 영어로 'boat'가 아닌 'ark'이다. 나일강에서 모세를 살리기 위해 사용했던 갈대 궤도 같은 단어를 썼음(출2:3))는 동력 장치가 없고 그저 물에 뜨는 기능만 있는 '상자'라고 여기면 쉽겠구나. 노아와 그 식구들이 그분의 지시에 따라 120년 동안 성실하게 만들었으므로 안전했을 거야. 노아에게 배의 재료와 크기, 모양까지 상세히 알려주셨거든. 재료는 **고펠나무**(잣나무로 생각되며 방수성이 좋고 내구성이 강함)로 하고, 크기는 **300**(가로) × **50**(세로) × **30**(높이) **큐빗**(길이를 재는 단위. 1큐빗은 사람 팔꿈치에서 셋째 손가락 끝부분까지인데 약 45cm이다. 이런 비율로 만든 배가 최고로 안전하다고 밝혀짐)인데, **3층**으로 만

들고 환기를 위해 **창**도 내라고 하셨어(자료 21 참조). 마지막에는 방수(防水)가 되도록 **역청**(pitch)으로 안팎을 칠하게 하셨다. 오늘날 축구장보다 길고 농구장 스무 개가 들어설 수 있는 크기란다. 원래 하나였던 대륙이 지금처럼 여러 조각으로 나뉘어졌을 정도로 대홍수의 파괴력은 엄청났었지. 혹자는 수소 폭탄 수십억 개가 동시에 터지는 위력이라고 말했을 정도였어. 이런 극심한 환경에서도 방주는 안전하게 견딜 수 있었다.

¹⁴너는 고펠나무로 너를 위해 방주를 짓고 방주 안에 방들을 만들며 역청으로 그것의 안팎을 칠할지니라. ¹⁵네가 만들 방주의 모양은 이러하니 방주의 길이는 삼백 큐빗이요, 너비는 오십 큐빗이며 높이는 삼십 큐빗이니라(창6:14-15).

브라스: 대홍수 내내 방주가 파손되지 않고 보존되었다니 기적에 가깝군요. 만약 우리처럼 체격이 큰 공룡을 실었다면 공간과 식량이 부족하지 않았을까요?

용 박사: 창조주는 그 정도로 능력이나 지혜가 없으신 분이 아니야. 그분은 동물을 종류별로 태우도록 하셨는데, **종류**(kind)는 오늘날 **종**(species)과 다른 개념이다. 일례로 개(dog)는 한 종류 암수 두 마리가 방주에 들어갔을 텐데, 그 두 마리가 오늘날 무려 200종으로 번성했어. 그렇다고 개가 계속 진화하여 결코 새로운 종이 되지는 않았고 그 종류 안에서 환경에 맞게 다양성을 드러냈을 뿐이야. 지난 3월 15일 처음 모임에서 언급했듯이 너희 공룡도 현재 1,000종이 넘는다고 여기지만, 사실 방주에 오른 것은 약 일곱에서 열두 종류라고 해(어떤 창조과학자는 60종류로

봄). 더구나 너희처럼 다 자란 공룡 대신 성장기에 접어들기 약 1년 전의 작은 공룡을 태웠을 거야. 방주에서 1년을 보내고 나오자마자, 빠르게 성장하여 번성했겠지. **존 우드모라페**(J.Woodmorappe) 박사의 연구에 의하면, 어류나 양서류처럼 방주에 태울 필요가 없는 동물을 제외하고, 파충류 일부와 조류, 포유류 약 8,000종류(16,000마리)가 방주에 올랐을 것으로 추정했어. 따라서 배수량이 2만 톤 정도인 방주 3분의 1쯤 차지했을 뿐이란다. 곤충은 방주 밖에서 떠다니는 나무에 그 유충이나 알이 붙어 생존했을 거야.

티라스: 그럼 육식공룡은 1년 동안 어떤 동물을 먹게 하셨을까요? 그리고 노아 식구 여덟 명만으로 그 많은 동물을 어떻게 돌보았을지 궁금해요.

용 박사: 티라스가 먹는 질문을 하는 것 보니, 배고픈가 보구나. 방주 나머지 3분의 2나 되는 넓은 공간에는 식량과 물을 저장했겠지만, 여기서 중요한 사실 하나를 알아야겠다. 티라스 같은 육식공룡도 홍수 전에는 **채식**만 하도록 만드셨다(창1:30). 또한 동물은 주변이 어둡거나 공기가 탁할 때, 혹은 기온이 떨어지거나 스트레스를 많이 받게 되면 **겨울잠**(혹은 동면(冬眠), hibernation)을 자는 성질이 있어. 이런저런 이유로 소량의 식물성 식량만 필요했겠고 노아 식구 여덟 명만으로도 방주에 있는 동물을 아무 탈 없이 보살폈을 거야.

스텔스: 잘 알겠어요. 그렇지만 노아 식구 여덟 명만 방주에 들어갔다고요?

용 박사: 스텔스야. 이 질문 역시 성경을 보면 답을 알 수 있어. 그들은 노아 식구들인데 노아 부부(2명)가 500세에 낳은 야벳, 함, 셋이란 세 아들(3명)과 세 며느리(3명)란다(창5:32, 7:13). 방주를 뜻하는 '**船**'(배선)이란 한자에도 그 수만큼 배에 탔다는 사실이 담겨 있지. 즉 **船**(방주)=**舟**(배)+**八**(여덟)+**口**(사람)이다. 노아 가족 여덟 명으로부터 현재 내가 살고 있는 A.D. 2025년에는 약 82억 명으로 불어난 거야. 그리고 열두째 스크린에서처럼 스텔스 집안에 해당하는 한자도 있지(중국 선교사 강(C.H. Kang)과 미국 병리학자 넬슨(E.R.Nelson)이 펴낸 『漢字에 담긴 창세기의 발견(Discovery of Genesis)』이라는 책에서 '창세기' 내용과 일치하는 수많은 한자를 보여주고 있다. 성경 연대기를 보면 아담과 이브의 손자 에노스와 노아(아담의 10대손)는 동시대에 살았으므로 한자 속에 성경 내용이 반영되었을 것이다. 다시 말해 아담-셋-에노스로 전해 내려온 창조 이야기는 고스란히 노아 후손으로 전해졌기에 이런 일이 가능했으리라. 따라서 한자는 노아의 셋째 아들 셈의 후예 즉 우리나라 조상 동이족(東夷族)이 만든 상형문자로 보아도 무리가 없을 것이다. 여러 중국과 대만 학자들도 이 사실을 일관성 있게 증언해

주고 있다. 특히 대만 문자학자인 이경재(李敬齋)는 공자뿐만 아니라 한자를 처음 만들었다고 하는 창힐이 동이족이라고 설파하였다. 자세한 내용은 필자의 책『위원장의 마취, 통증, 생명 이야기』p. 175-177 참조하실 것).

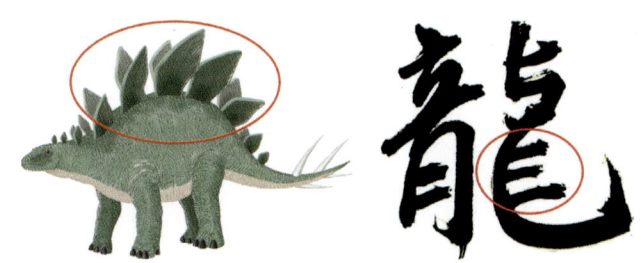

열두째 스크린: 스테고사우루스와 한자 龍

스텔스: 그게 사실이에요?

용 박사: 바로 '龍'(용룡)이라는 글자인데 이 한자는 공룡(恐龍, 무서운 용)을 통틀어 표현하기도 해. 이 글자의 좌우로 나누어 살펴보면, 왼쪽은 '몸(月)이 서 있다(立).'라는 뜻이고 오른쪽 세 개의 가로획(彡)은 '스테고사우루스의 등에 있는 골판'을 상징한다고 볼 수 있다.

엘라스: 대홍수는 전 지구적인 사건이었으므로 그 증거들이 곳곳에 남아 있겠군요?

용 박사: 물론 셀 수 없이 많아. 지표 면적의 70%를 차지하는 **퇴적층**과 수많은 **화석들**(세계 곳곳에서 거대한 화석 무덤들(fossil graveyards)이 발굴되었는데 어떤 곳은 바다 생물(고래, 상어, 악어, 어룡 등)과 육상 생물(사람을 포함하여 말, 코뿔소, 돼지, 개, 매머드, 나무 등)이 뒤섞여 있었음), 극지방을 포함하여 지구촌 각처에서 발견되는 거대한 **석탄층**, 200개가 넘는 **홍수 설화**, **평탄면**(planation surface)(자료 22 참조), **대륙붕**(continental shelf), **습곡**(褶曲, fold, 퇴적층이 양쪽에서 압력을 받아 휘어진 지층, 굳어지기 전에

변형되었으므로 부드럽게 주름이 진 형태를 이루고 있음)(자료 23 참조), **염호**(鹽湖, salt lake)(자료 24 참조), **사층리**(斜層理, cross bedding, 기울어진 층리, 거대한 사층리는 모두 물에 의해 형성)(자료 25 참조), **연흔**(漣痕, 물결 자국)(자료 10, 11 참조), **우흔**(雨痕, 빗방울 자국)(자료 26 참조) 등이다. 엘라스가 보았던 해저 산맥 **기요**(guyots)도 마찬가지야.

케찰스: 그럼 대홍수가 끝난 뒤에 방주는 어떻게 되었어요?

용 박사: 케찰스는 그게 궁금했구나. 홍수가 시작되고 나서 150일 후부터 물이 빠지자, 방주는 **아라랏산**(본래 아르메니아에 속했지만, 현재는 튀르키예(과거 터키) 동부에 있으며 두 개의 봉우리(대아라랏(5,137m), 소아라랏(3,896m))로 이루어졌음)(자료 27 참조)에 머물렀지(창8:4). 지금도 이 산의 빙하 속에 보존되어 있어. 유대인 정치가 겸 역사가 **요세푸스**(T.F.Josephus, A.D. 37-100)는 "이 배의 일부분은 아르메니아에 아직 있으며…, 사람들은 역청을 가져다가 부적으로 사용한다."라고 기록하였다. 그리고 전 세계 수백 명의 사람들이 목격했는데 그중에 **조지 하고피안**(G.Hagopian, 아르메니안 목동, 그는 어릴 때(A.D. 1908) 삼촌과 함께 Ahora 계곡에 있는 방주 지붕에 오르기도 했다고 미국 방송에서 증언함), **페르난도 나바라**(프랑스인, A.D. 1955년에 세 번째 탐사할 때 그는 11세인 막내아들 라파엘과 함께 방주를 발견하여 길이 1.5m 되는 나무토막을 가지고 내려왔음), **비행기 조종사들**(A.D. 1916년, 러시아 코스코비키 중위가 정찰 도중 방주를 발견하여 로마노프 황제에게 보고하자 정부에서 두 개 중대 탐험대를 파견하여 방주를 조사했음)이 대표적 인물이란다. 오늘날 아라랏산 부근에 사는 사람들에 의하면, A.D. 1800년대 말에도 부모들은 자녀와 함께 아라랏산에 자주 올라 방주를 목격했다고 하더라. 이를 통해 어른들은 노아의 대홍수에 관한 성경 기록이 얼마나 확실한지 자녀들에게 제대로 알려주었을 거야.

일곱째 달 곧 그달 십칠일에 방주가 **아라랏의 산들** 위에 안착하였으며(창8:4)

And the ark rested in the seventh month, on the seventeenth day of the month, upon **the mountains of Ararat**(Gen8:4, KJV)

케찰스: 수많은 증거가 있고 사람들이 방주를 직접 보았다니, 대홍수는 꾸며 낸 이야기가 아니었군요.

용 박사: 그래, 성경을 기록하게 하신 주님은 거짓말을 못 하시므로(민23:19) 이 렇게 사실로 드러난 거야.

하나님은 사람이 아니시니 거짓말하지 아니하시고 사람의 아들이 아니시니 뜻을 돌이키지 아니하시는도다. 그분께서 말씀하셨은즉 그것을 행하지 아니하시리요? 그분께서 이르셨은즉 그것을 실행하지 아니하시리요?(민23:19)

스텔스: 박사님, 이곳 솔랜드에 새겨진 공룡 발자국에 관해 오늘 말씀해 주시기로 했어요.

용 박사: 참, 깜박 잊고 있었구나. 이것도 역시 대홍수와 관련이 있어. 앞에서 설명한 것처럼 홍수 기간에 쓰나미와 함께 파도의 왕복 운동이 여러 차례 일어나 퇴적층이 차곡차곡 쌓였을 거야. 다양한 크기의 입자가 포함된 퇴적물은 물 흐름에 따라 크기별로 나뉘어(전문 용어로 **분급**(Sorting)이라고 함) **역암**(자갈이 들어 있는 암석), **사암**(모래가 굳어진 암석), **이암**(진흙이 굳어서 형성), **석회암**(탄산칼슘이 주성분인 동물의 뼈나 조개껍데기로 이루어진 암석) 순서로 퇴적층이 계속 만들어졌어. 그 과정에서 방주에 오르지 못한 공룡들이 홍수를 피해 높은 곳으로 이동하면서 아직 굳어지지 않은 이곳 퇴적층을 밟고 걸어갔을 거야. 발자국이 새겨진 퇴적층 위로 짧은 시간에 새로운 퇴적물이 쌓여 그 흔적이 지워지지 않고 이렇게 화석으로 남게 된

것이다. 발자국 여러 개가 이어진 것을 '**보행렬**'이라고 부르는데(자료 28 참조) 스텔스야, 이것이 몇 개나 되는지, 그리고 그 모양과 방향은 어떤지 살펴보렴.

스텔스: 네, 유심히 살펴볼게요. (잠시 후) 보행렬은 세 가지 있는데, 하나같이 남서쪽에서 북동쪽으로 나 있어요. 왼쪽은 브라스 발자국을 닮았고요. 가운데는 내 발자국과 똑같아요. 그렇지만 오른쪽에 있는 마지막 보행렬은 뒤 발자국이 없고 대신 내 앞 발자국 닮은 것들만 나란히 박혀 있군요.

용 박사: (흠칫 놀라시면서) 아니, 중앙과 오른쪽은 같은 종류의 초식공룡 보행렬인데, 다른 형태를 보인다고? 이것은 아주 희귀한 화석이구나. 노아 대홍수에 관해 소중한 정보를 담고 있어. 아마 스텔스 조상 두 공룡이 홍수를 피해 이동하면서 남겼을 거야. 가운데 보행렬은 물이 얕을 때 걸어갔겠고, 오른쪽은 그 후에 물이 엉덩이 높이까지 차올라 몸 일부가 둥둥 떠 있을 때 걸어갔으므로 두 앞발만 바닥에 발자국을 남겼을 것 같다. 열셋째 스크린에 보이는 스테고사우루스처럼 말이야. 그만큼 짧은 시간에 수위(水位)가 높아졌음을 암시하고 있군.

열셋째 스크린: 솔랜드 우측 보행렬이 만들어지는 상상도

제6장 세 번째 만남 그리고 노아시대 대홍수

파라스: 발자국 화석을 통해 홍수의 규모까지 짐작할 수 있다니 흥미롭군요.

케찰스: 조금 전에 공중에서도 보았어요. 세 보행렬이 다 일직선으로 되어 있더군요.

용 박사: 잘도 보았구나. 보행렬은 두 가지 특징이 있다. 첫째는 사람이든 공룡이든 예외 없이 한쪽 방향으로만 곧게 나 있어. 밀려오는 홍수를 피해 계속 도망가야 했기 때문이야(진화론자는 공룡이 물이나 먹이를 섭취하기 위해 이동했을 것으로 추정하지만, 다시 돌아오는 발자국이나 서성대는 흔적이 전무(全無)하여 설득력이 없음). 다만, 더 이상 홍수를 피할 수가 없어 좁은 곳에 모였던 장소인 **공란층**(恐亂層, bioturbation, 진화론자는 공룡 여러 마리가 뛰어놀았거나, 심지어 춤을 춘 장소였다고 설명함)에는 발자국이 무질서하게 나 있지(자료 29 참조). 둘째는 어린 공룡 발자국이 거의 없단다. 정상적인 환경이라면 새끼와 어미 발자국이 각각 절반 정도 차지하는데 대홍수 같은 위급한 상황에서는 새끼가 멀리 그것도 빠르게 도망할 수 없어서 그랬을 거야.

스텔스: 그렇군요. 박사님, 솔랜드에 공룡알 화석도 있다고 들었는데 어디에 있어요?

브라스: 내 꼬리가 가리키는 저곳을 보렴.

스텔스: 좀 길쭉하게 보이는 것들 말이지? 수십 개나 있어요.

용 박사: 음, 전부 육식공룡알이군. 이쪽은 두 개씩 열여섯 개가 해바라기처럼 둥글게 놓여 있어 둥지처럼 보인다. 그렇지만 저기 5m쯤 떨어진 곳에 있는 알 다섯 개는 여기저기 흩어져 있구나.

오비라: 박사님, 두 어미가 알을 낳을 때 저 정도의 거리는 너무 가깝지 않나요?

용 박사: 아주 수준이 높은 질문이야. 일상적인 환경이었다면 어른 공룡 길이만큼 서로 떨어졌을 거야. 하지만 대홍수 시기에는 어미 공룡 수에 비

해 알을 낳을 수 있는 공간이 턱없이 부족했겠지.

오비라: 잘 알겠어요. 그런데 박사님, 아래 퇴적층에도 알이 몇 개가 묻혀 있어요.

용 박사: 어디 보자. 오비라도 브라스만큼이나 관찰력이 뛰어나는구나. 둥근 둥지 바로 아래 30cm 정도 떨어진 퇴적층에도 같은 종류의 육식공룡알이 있군. 이 알 화석을 통해 진화론자와 창조론자는 완전히 다르게 해석하겠지. 진화론자는 이 정도 퇴적층이 쌓이기 위해서는 무려 5,000년 이상 걸린다며 같은 종류 공룡이 5,000년 전에 알을 낳았다고 생각할 거야. 반대로 창조과학자는 불과 수 시간이나 수일 전에 알을 낳았다고 여기겠지. 정리하자면, 화석은 일반적인 생활 환경이 아닌 대홍수 당시 급박한 상황을 반영하는 거란다.

브라스: 사람들은 자신의 세계관에 따라 하나의 자료를 두고 전혀 다르게 해석하는군요.

용 박사: 맞아.

파라스: 박사님, 알 생김새를 보면, 육식공룡인지 초식공룡인지 알 수 있나요?

용 박사: 그렇고말고. 열넷째 스크린을 보면 육식공룡알은 길쭉하게 생겼고, 초식공룡은 원형이라는 사실을 알 수 있어. 내 서재에도 중국에서 발굴한 초식공룡알 화석 하나가 있지. 본래 둥글게 생겼지만, 퇴적층에서 눌려 약간 납작하게 보일 뿐이야(자료 30 참조).

〈초식공룡의 알〉　　〈육식공룡의 알〉

열넷째 스크린: 초식과 육식공룡의 알의 형태

브라스: 지난번 티라스가 사는 곳에서 보았던 그 알들도 길게 보였어요. 게다가 박사님 두 발처럼 두 개씩 놓여 있었고요.

용 박사: 브라스가 뚜렷이 기억하고 있구나. 그 알을 낳은 어미 공룡은 한 쌍의 수란관(輸卵管, oviduct)을 지녔으므로 두 개씩 낳은 거야.

파라스: 박사님, 사람과 우리는 처음부터 같이 살았으므로 대홍수를 피해 도망하면서 그들도 발자국 화석을 남겼겠군요?

용 박사: 물론이야, 세계 곳곳에 공룡과 사람 발자국이 같은 지층에 남아 있고말고. 내가 사는 나라에도 몇 군데 있지. 그중에 '경남 남해군 창성면 가인리 공룡 화석지'에 가서 보면 하나의 바위에 용각류(22개), 조각류(12개), 수각류(2개) 공룡 발자국과 함께 여섯 명의 사람이 걸어간 흔적이 고스란히 남아 있어(안내표지판을 보면 **특수 용각류** 여섯 마리가 걸어간 흔적이라고 쓰여 있다. 이것은 사람과 공룡이 같은 시대에 살았다는 사실을 알지 못할뿐더러 인정할 수도 없어서 그랬을 것이다. 용각류 발자국은 오직 둥근 형태만 있지 사람 발처럼 길쭉하지 않음)(자료 31 참조). 나도 여러 번 이곳을 탐방하였다. 갈 때마다 방주에 오르지 못하고 밀려오는 홍수를 피해 높은 곳으로 피신했을 사람들의 모습이 떠올라 가슴이 무척 아프더구나.

스텔스: 얼마나 무서웠을까요! 박사님 마음을 이해할 수 있겠어요. 그럼, 지구 전체가 대홍수에 의해 파괴되었는데 어떻게 사람과 동물이 살아남을 수 있었지요?

용 박사: 그래, 설명하마. 대홍수가 물러간 뒤에 방주에서 나와 보니, 이상적인 아열대 기후가 사라지고 추위와 더위가 반복되는 사계절로 바뀐 거야. 그래서 일부 사람들은 굴속에 들어가 생활했을 거야. 이런 혹독한 환경에서 살아남을 수 있게 창조주는 사람과 동물에게 육식도 허용하셨단다. 게다가 대홍수 후 수백 년 동안 빙하시대에 접어들어 지금 이곳 트로픽랜드처럼 강수량이 많고 먹이가 풍부해 살기 좋은 곳도 생겼어. 끝으로 창조주가 다시는 홍수로 심판하시지 않겠다고 노아와 약속하시고 그 증거로 무지개를 보여주셨다(창9:11-17).

티라스: 그럼 사람들은 두려움 없이 마음 놓고 살 수 있겠네요?

용 박사: 아니야. 마지막 때에 물 대신 불로 심판하시겠다고 말씀하셨지.

파라스: 아이구야, 내 몸에서 뜨거운 가스가 나오기는 하지만, 그런 심판은 진짜 싫어요!

용 박사: 너희들과 상관없이 먼 훗날에 일어날 사건이란다. 누구든지 '방주'가 되시는 예수님을 믿어 구원받으면, 더 이상 그런 심판을 받지 않고 그분과 영원한 생명을 누리게 되는 거야. 오늘은 지구 전체에 임했던 대홍수에 대해 살펴보았구나. 다른 질문 없으면 오늘 강의는 이것으로 마치겠다.

친구들: 네.

브라스: 박사님, 다음 모임은 리버록에서 할까요?

용 박사: 그렇게 하자.

제7장

- 날짜: B.C. 2050년 음력 9월 15일
- 날씨: 아침저녁으로 쌀쌀하고 먼지폭풍이 약하게 발생함

네 번째 만남
그리고 빙하시대 이야기

주변에서 대홍수 증거를 쉽게 찾을 수 있었어요. 퇴적과 침식으로 생긴 산과 계곡이 사방에 펼쳐져 있고요. 어릴 때 식구들과 함께 그린마운드 산자락에서 보았던 '돌무더기'(혹은 돌강)도 그 결과였어요. 박사님은 이것을 **암괴류**(巖塊流, block stream)라고 불렀어요(자료 32 참조). 수만 개의 돌이 모여 있는데 누군가 일부러 정리해 놓은 듯 대부분 아래쪽을 향하고 있었죠. 거대한 홍수가 산꼭대기로부터 바다로 빠져나가면서 남긴 흔적이라고 하셨어요.

　보름 전에는 라이프강을 따라 상류 쪽으로 올라가 보았어요. 굽이치면서 노래하는 물살을 거슬러 2시간가량 걸으니 마침내 멜트산맥의 최고봉 하이볼드 산이 웅장한 자태를 드러냈어요. 한편 그보다 낮지만, 오른쪽 산봉우리 하나가 좀 독특하더군요. 걸음을 멈추고 다른 것과 비교해 보았어요. 이 봉우리의 퇴적층만 반달처럼 휘어져 있었고 다른 봉우리들은 평평한 거예요. "맞아, 두 달 전에 박사님이 노아 대홍수 증거로 말씀하신 '습곡'이야!" "지층이 굳어지기 전에 양쪽에서 큰 힘을 받아 부드럽게 휘었구나." 한번 굳어진 퇴적층은 아무리 느리게 힘을 가해도 습곡이 만들어질 수 없다고 박사님이 말씀하셨죠. 이처럼 다음 약속 날짜가 다가오는 것을 깜박 잊을 정도로 날마다 산으로 강으로 싸돌

아다녔어요.

리버록으로 가는 길 주변 나뭇잎은 벌써 알록달록한 색깔로 물들었어요. 덤불 속에 유난히 붉은 열매들이 고개를 삐죽 내밀어 나를 반겨주었지요. 오천 보쯤 걸었을까요. 저 멀리 라이프강이 넘실거리고 있었죠. 이제 아침 이슬을 머금은 풀밭을 지나 자갈밭으로 들어설 무렵이었어요. 반들반들한 자갈 위에 얼룩덜룩한 형체가 보이는 것입니다. 내 키만큼 떨어진 곳까지 다가와 보니 커다란 뱀이었어요!! 몸을 빙빙 틀고서 혀를 날름거리고 있는 거예요. 연노랑 바탕에 등을 따라 검은 얼룩무늬가 있었어요. 겉모양은 우리 피부를 닮았고 엘라스 목만큼이나 길더군요. 햇볕에서 몸을 따끈히 데우기 위해 굴에서 나왔는가 봐요. 나를 보고 두려움을 느꼈는지 똬리를 슬며시 풀면서 강둑 쪽으로 굼틀굼틀 기어갔어요. "옛적부터 사람과 악연(惡緣)을 맺었다는 뱀이군." "그런데 다리도 없이 스르르 잘도 다니네?"

보폭을 넓게 하여 성큼성큼 걸었더니 벌써 목적지가 보이기 시작했어요. "저곳이 리버록이야." 서둘러 출발했으므로 엘라스와 스텔스에 이어 세 번째로 도착한 거예요. 조금 있으니까 케찰스를 제외한 친구들이 땅을 쿵쿵 울리며 몰려왔어요. 이윽고 은색 비행체가 나타났고요. 케찰스도 안전하게 착륙하여 날개를 접었어요.

친구들: 박사님 안녕하세요?
용 박사: 그래, 요즈음 날씨가 꽤 변덕스러웠는데 모두 잘 있었니?
친구들: 네.
용 박사: 브라스야, 혹시 궁금한 점이 있으면 강의 시작하기 전에 말해보렴.

브라스: 그럼 딱 하나만 물어볼게요. 미끄러지듯 움직이는 뱀은 왜 다리가 없나요?

용 박사: 본래 뱀도 다리로 걸어 다닐 수 있게 창조주가 만드셨어.

브라스: 네???

용 박사: 그렇지만 지난 5월 모임에서 이야기한 것처럼 뱀이 이브(하와)를 유혹하여 아담과 함께 창조주의 명령을 어기도록 부추긴 거야. 그 대가(代價)로 배(腹, abdomen)로 다니게 하셨다. 이 사실을 뒷받침하는 증거들이 있지. 몸에 다리가 없어진 흔적이 있고 퇴화를 일으키는 유전자도 발견되었다는구나. 그뿐만 아니라 A.D. 1929년 중국 쓰촨성(四川省)에서 소위 '선악을 알게 하는 나무'(중국 촉(蜀)나라 시대(B.C. 5000-3000)에 제작되었으며 싼싱두이(삼성퇴(三星堆)) 박물관에 보관되어 있음)가 발굴되었다. 높이가 4m쯤 되고 청동으로 제작된 이 고고학적 유물에도 뿔과 함께 앞다리 두 개 달린 뱀의 형상이 있지(이 나무에 대해 좀 더 구체적으로 언급하면 가지 끝에 과일들이 달려 있고 그 근처마다 예리한 칼이 있으며, 이브(하와)의 것으로 추정되는 손(hand)도 있다. 이것은 『창세기』 2장과 3장에서 하나님이 아담과 하와에게 에덴동산 중앙에 있는 '선악을 알게 하는 나무'의 열매를 먹지 말라고 하셨을 때, 뱀이 나타나 하와를 유혹했던 상황을 잘 묘사하고 있는 작품이다. 이 유물은 성경이 기록된 시기보다 훨씬 앞서기 때문에 구전으로 전해 내려오는 『창세기』 이야기를 토대로 제작했을 것으로 추정함)(자료 33 참조).

주 하나님께서 뱀에게 이르시되, 네가 이 일을 행하였으므로 너는 모든 가축과 들의 모든 짐승보다 더욱 저주를 받아 배로 다니고 평생토록 흙을 먹을지니라(창3:14)

브라스: 뱀이 창조될 당시에 다리가 있었다는 점을 오늘에서야 알게 되었어요.

초식공룡이 쓴 일기

용 박사: 아프리카 **부시맨**(Bushman) 설화 중에도 뱀의 다리에 얽힌 이야기가 있다. 아주 먼 옛날, 하늘에 떠 있는 달(月)은 지구에 심한 가뭄이 올 것을 미리 알았대. 그래서 '만티스'(Mantis)라는 사람에게 이 사실을 알렸지. 달의 말을 믿었던 그는 자기 가족과 가축, 동물을 데리고 다른 곳으로 이사를 간 거야. 다만 게으른 뱀은 만티스의 말을 믿지 않고 그곳에 남았단다. 이듬해 달의 말대로 지구에 심한 가뭄이 들었어. 갈수록 풀이 시들시들 말라가고 살찐 개구리가 사라져 뱀도 점점 야위어 갈 수밖에 없었대. 뒤늦게 후회하고 주인 만티스가 떠났던 길을 따라가기로 마음먹었지. 문제는 가는 길이 이미 사막으로 변해버렸어. 다리가 모래 속으로 푹푹 빠져 도저히 앞으로 나아갈 수가 없었지. 뱀은 낙심하여 달에게 살려달라고 빌 수밖에. 뱀의 소원대로 달이 다리를 없애주니까 쉽게 사막을 빠져나가 살아남았다는 설화야. 예로부터 전해 내려온 이런 이야기 속에도 '뱀은 본래 다리가 있었다.'라는 점을 암시하고 있구나.

엘라스: 호호호, 그렇군요. 게으름뱅이 뱀은 무척 혼쭐이 났겠어요.

용 박사: 오늘은 날씨와 연관된 강의가 될 것 같구나. 바로 빙하시대에 관한 이야기야.

브라스: 변덕쟁이 날씨 때문에 그랬을까요? 열흘 전 멜트산맥 근처에서 매머드 수백 마리가 몰사했다는 소문을 들었어요. 점박이는 별일 없었는지 걱정이 돼요.

용 박사: 나도 그 소식을 들었기 때문에 높은 곳에서 멜트산맥과 하이볼드 봉우리 주변을 살펴보고 왔단다. 아니나 다를까, 갑작스러운 눈사태로 울리 매머드 삼백여 마리가 매몰되었더구나. 자연재해가 얼마나 무서

운가를 새삼 깨달았다. 몇 년 전 시베리아 남쪽에서는 이것과 비교가 안 될 만큼 끔찍한 사고가 있었지. 먼지폭풍으로 수천 마리의 매머드가 한꺼번에 몰사했거든.

브라스: 그렇게나 많이요?

용 박사: 이렇게 떼죽음을 당한 이유를 설명해 주마. 노아 대홍수가 끝난 후에 바로 빙하기로 접어들어 수백 년간 지속되었어. 그 최고 절정기에는 시베리아, 알래스카 대부분과 북아메리카 대륙 절반 정도까지 덮었단다. 그렇지만 따뜻한 북극해 덕분에 그 바다 근처 시베리아와 알래스카는 빙하가 없고 대신 초원 지역이 넓게 조성되었던 거야. 북극해가 따뜻한 이유는 이미 강의를 들어서 알다시피 대홍수 시기에 분출한 바다의 샘들과 용암 때문이지. 그래서 바닷물 온도는 지금보다 훨씬 높았기 때문에 수증기 증발이 많아 비가 풍족하게 내렸단다. 물론 겨울에도 온화한 날씨가 지속된 거야. 다시 말해 사계절 내내 풀과 나무가 잘 자라나 하마와 순록, 매머드의 천국이 되었어. 그렇지만 지금 너희들이 살고 있는 빙하기 끝 무렵에 이르자, 바다 수온은 서서히 내려간 반면에 내륙 지방 기온은 급속히 내려갔어. 즉 바다와 육지의 기온 차이가 심해졌다. 그 여파로 강한 바람이 일어나 먼지폭풍이 자주 불게 되었지. 시베리아는 이미 **영구동토**(永久凍土, permafrost, 2년 이상 얼어 있는 토양) 지역으로 변하기 시작했으므로 동물이 그 폭풍을 피하려고 서 있으면 다리부터 얼어버릴 거야. 나는 시간 여행을 하면서 화석에서 이런 증거들을 찾아냈었다. 매머드 떼가 서 있는 자세였는데, 위(胃) 속에는 반쯤 소화가 된 풀이 있었고 숨쉬기 힘들어 모두 고개를 위로 쳐들고 있었어.

브라스: 저런, 서 있는 상태에서 질식사하여 화석이 되어버렸군요. 죽어갈 때 얼마나 고통스러웠을까! 우리 식구가 남쪽으로 이동할 때도 아빠는 먼지폭풍을 걱정하셨는데, 갈수록 심해지겠어요.

용 박사: 아마도 그럴 거야.

오비라: 박사님, 노아 대홍수 이후에 빙하기가 왔다고 하셨는데 좀 더 구체적으로 말씀해 주시겠어요?

용 박사: 물론이야. 빙하가 만들어지기 위해서는 **뜨거운 바다**, **많은 증발**, **시원한 여름**, **시간**이라는 네 가지 조건이 꼭 필요하단다. 이 조건을 다 갖춘 경우는 지구 역사에서 단 한 번 있었는데 바로 노아 대홍수 직후였어. 그 당시 수많은 화산과 깊은 샘에서 솟은 뜨거운 용암에다 대륙판의 마찰, 운석 충돌 등으로 바다 수온이 아주 높게 상승한 거야(뜨거운 바다). 그러자 증발량이 지금보다 최고 여덟 배나 많아(많은 증발) 적도 지방은 풍부하게 비가 내렸겠고 추운 극지방과 고지대는 폭설이 내렸겠지. 또한 화산이 폭발할 때 분출한 화산재는 태양광선을 차단하여 한여름에도 눈이 녹지 않았다(시원한 여름). 해가 갈수록 쌓인 눈이 압력을 받아 얼음(혹은 빙하)이 되어 계속 커졌어. 대홍수 이후에도 화산 활동이 오랜 기간 계속되었을 것이므로 바다 온도가 내려갈 때까지 수백 년 동안 빙하기가 이어졌을 거야(시간). 열다섯째 스크린을 보아라. 이 네 가지 조건을 알기 쉽게 나타낸 그림이란다.

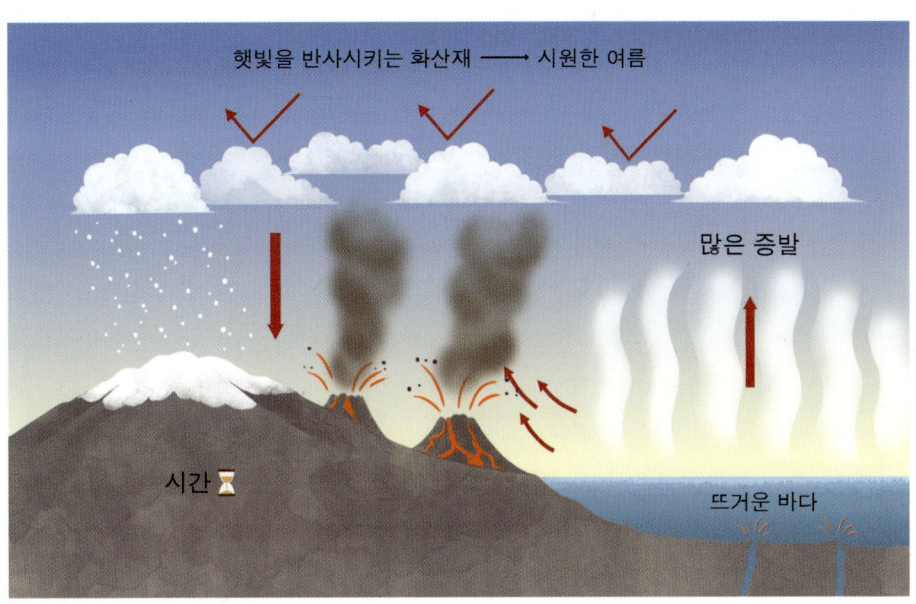

열다섯째 스크린: 빙하의 생성 조건 네 가지

브라스: 빙하 생성 조건을 다 갖춘 경우는 오직 한 번뿐이었다는 사실을 확실히 알았어요.

용 박사: 진화론자들은 "과거에 기온이 심하게 내려간 경우가 몇 번 있었고 그럴 때마다 빙하기가 왔다."라고 했어. 그러나 춥기만 하면 오히려 공기 중의 습도가 낮아질 뿐이야. 당연히 소나기눈을 기대할 수 없고 빙하가 만들어지지 않아.

브라스: 그들은 성경에 기록된 대홍수를 인정하지 않으므로 빙하가 생긴 원인을 알 수도 없겠군요. 그렇지만 '빙하'라는 말만 들어도 여전히 두려움이 몰려와요.

용 박사: 지금도 그 충격으로 힘들어하는구나! 그래도 처음이자 마지막으로 브라스 가족이 사고 난 이유를 설명할 테니 잘 들어보렴. 빙하시대로 들어선 다음 눈이 계속 쌓이면 그 무게 때문에 공기가 빠져나가고 얼음

으로 변하지. 그런데 얼음이 점차 두꺼워지면 무거워지고 그 압력으로 밑에 있는 얼음의 성질이 부드럽게 변하는 거야. 이것을 전문 용어로 **가소성**(可塑性, plasticity)을 지녔다고 말해. 빙하 상부(上部)에서 수직으로 50m 되는 곳을 **열극대**(裂隙帶, zone of fracture, 골절이 일어나는 부분)라고 부르는데 이 열극대 아래는 가소성을 지니므로 쉽게 깨지지 않아. 하지만 열극대 위쪽은 단단하므로 빙하가 내려가면서 장력(張力, 양쪽에서 끌어당기는 힘)을 받아 쉽게 깨지는 거야. 이때 만들어진 **크레바스**는 그 깊이가 수십에서 수백 미터에 달해 많은 산악인이 여기에 빠져 목숨을 잃었어.

파라스: 오, 빙하 위쪽은 그런 위험성이 있군요. 크레바스에 빠지면 꼼짝없이 죽겠어요. 내 볏에서 나오는 뜨거운 김으로 그 많은 얼음을 다 녹일 수도 없고.

브라스: 박사님께서 자세히 설명해 주셔서 빙하는 50m를 기준으로 그 성질이 달라진다는 사실을 알았어요. 아빠도 이런 점을 미리 알고 계셨더라면 불행한 사고를 막을 수도 있었을 텐데.

엘라스: 빙하가 녹으면 강물이 잿빛으로 변하더군요. 빙하 속에는 정말 불순물이 많나요?

용 박사: 순수한 빙하는 불순물이 거의 없지만 무거운 빙하가 서서히 내려오면서 주변 토양을 침식하기 때문에 그럴 거야. 즉 빙하 밑에 있는 흙과 돌이 얼음에 붙잡혀 빙하가 이동할 때 바닥에 흠집을 내기도 하고 **연마**(研磨, polishing, 고체 표면을 갈고 닦아 반들반들하게 만듦)하여 강물이 뿌옇게 보인단다.

케찰스: 박사님, 우리가 지금 서 있는 리버록 바닥에 길게 파인 수십 개의 줄도 빙하가 이동하면서 만들었군요?

용 박사: 그렇지, 게다가 빙하가 큰 바위를 품고 내려오다가 남겨놓기도 하는데 이것을 빙하 **미아석**(迷兒石, erratic boulder)이라고 부른다. 산 아래로 더 내려오다가 뜯어낸 암석과 흙이 쌓여 만들어진 둑을 **빙퇴석**(氷堆石) 혹은 **모레인**(moraine)이라고 하지.

엘라스: 빙하는 움직이지 않는 것처럼 보이지만 이렇게 지형을 바꾸기까지 하는군요.

용 박사: 맞아. 빙하는 서서히 내려오지만 단단하고 무거워 주변 토양을 쉽게 침식시키는 거야. **U자 계곡**(자료 34 참조), 피라미드 형태의 **호른**(horn)(자료 35 참조), **피오르드 해안** 등이 빙하가 빚어낸 작품이란다.

케찰스: 여름마다 북쪽 하늘로 높이 올라가 봅니다. 그린란드 빙상에서 얼마나 많은 얼음 조각이 떨어지는가를 알아보기 위해서죠. 해가 갈수록 그 개수가 늘고 있어요.

용 박사: 케찰스도 지구 환경에 관심이 많구나. 빙하 일부가 바다나 호수로 떨어지면 이것을 **빙산**(氷山, iceberg)이라고 부른다(자료 36 참조). 지금은 심하지 않지만, 내가 살고 있는 시대로 가면 해마다 수천 개 빙산이 생겨나지. 더구나 빙산은 90%가 물속에 잠겨 있으므로 바다에 떠다니다가 배를 침몰시키기도 해. 사실 먼 미래인 A.D. 1912년 4월 15일 새벽에 거대한 여객선 **타이타닉**(Titanic)호가 침몰한 원인도 이것으로 밝혀졌다. 승무원과 승객 2,224명을 태운 배가 밤 11시 40분경에 거대한 빙산을 만난 거야. 정면충돌은 간신히 피했지만, 빙산이 배 옆구리를 세게 쳤어. 그 배는 2시간 40분 만에 침몰하여 무려 1,515명이나 목숨을 잃게 되었지(1985년 9월 4,000m 해저에서 배의 잔해가 발견되었음). 나중에 영화로도 상영되었는데 항해할 때 빙산이 얼마나 위험한가를 보여주는 사례였다.

스텔스: 오, 끔찍한 사건이군요! 그런데 우리들은 박사님 강의를 들어서 빙하시대가 오직 한 번 일어난 것으로 알고 있는데 사람들은 여러 차례 있었다고 믿는다고요?

용 박사: 그래, 이 질문은 중요하니까 다시 한번 알려주마. 진화론을 믿는 과학자들은 앞에서 언급한 빙하 생성 조건 네 가지를 모르기 때문에 '빙하시대가 수백만 년 동안 지속되었고 여러 번의 **빙기**(氷期, glacial stage, 빙하가 확장되었던 시기 즉 빙하기)와 **간빙기**(間氷期, interglacial stage, 빙하기 사이에 기후가 따뜻했던 시기)가 있었다.'라고 주장하는 거야. 그렇지만 그 근거가 빈약한 이유 몇 가지를 말해볼게. 첫째로 그들이 증거로 내세우는 것은 '얼음코어'이다. 기계를 통해 수천 미터나 되는 얼음(혹은 빙하)을 채취한 다음 '나이테'처럼 보이는 곳에서 **산소동위원소** 비율($\delta^{18}O$)을 측정하여 연수를 계산하는 거야. 산소 동위원소는 두 가지(^{16}O, ^{18}O)가 있는데 얼음 속에 무거운 원소(^{18}O)의 양이 많으면 여름에 쌓인 눈이고, 적으면 겨울에 쌓였다고 가정을 하지. 그러나 얼마 전에 모래시계를 예로 들어 설명할 때처럼 눈 속에 있던 원소(^{18}O)가 외부로 빠져나가지 않아야 이 방법을 믿을 수 있는데 실제는 그렇지 않아. 둘째로 얼음층은 밑으로 갈수록 압축이 되므로 나이테(혹은 줄무늬)를 정확하게 셀 수가 없어. 셋째로 그들이 60여 가지 빙하 이론을 내세웠지만 거의 폐기되었고 마지막으로 남은 이론이 바로 **천문학적 빙하시대 이론**(혹은 밀란코비치 이론, astronomical(or Milankovitch) theory of Ice Ages)이란다. 열여섯째 스크린에 보이는 것처럼 지구가 태양 주위를 공전하면서 지축은 22.1°에서 24.5° 사이를 4만 년 주기로 움직이고, 그 궤도는 원형에서 타원형으로 10만 년을 주기로 바뀌는데 이 두 가지(지축, 궤도) 주기로 지구에 빙하시대가 왔다는 설(說)이지. 그런데 이것이 지구에 미치는 영향은 미미(微微)하여

겨우 0.75% 정도 태양 복사열을 줄어들게 할 뿐이야. 넷째로 조금 전에 이야기한 것처럼 찬 공기는 습도가 낮으므로 아무리 추워도 눈이 적게 내려 빙하가 안 만들어지는 거야. 그러므로 지구 역사에서 빙하기는 오직 한 번만 있었다고 결론을 내릴 수 있단다.

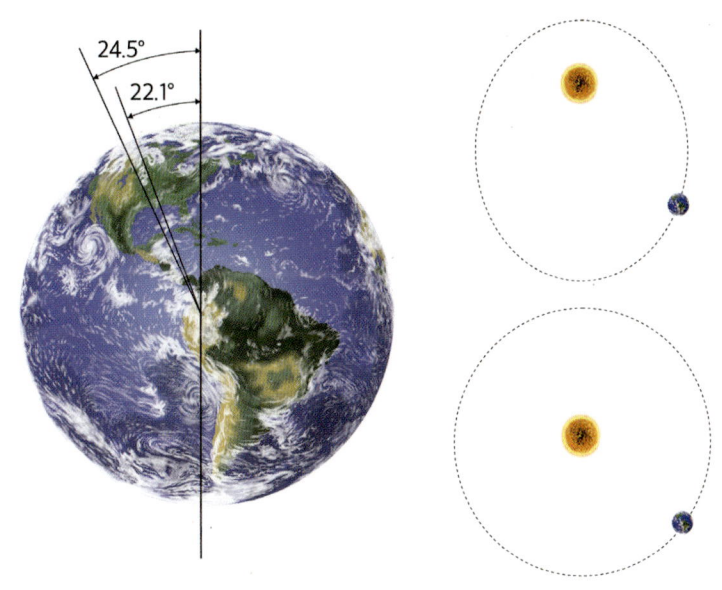

열여섯째 스크린: 천문학적 빙하시대 이론

티라스: 그럼 빙하기에 만들어진 빙하는 지구에 어떤 영향을 끼쳤을까요?

용 박사: 심도(深度) 있는 질문이군. 지구가 창조될 당시는 하나의 대륙이었는데 대홍수 시기에 지금처럼 일곱 개(아시아, 아프리카, 유럽, 남아메리카, 북아메리카, 오세아니아, 남극)로 나뉘어졌어(지도를 통해서도 대홍수 이전에는 육지가 하나였다는 사실을 쉽게 알 수 있다. 예를 들어 유럽과 아프리카의 서부 해안선과 남, 북아메리카 동부 해안선이 정확하게 일치한다. 다른 곳도 마찬가지다. 또한 남아프리카 공화국과 남미의 남쪽 모두 동질의 다이아몬드 광산이 많다는 점도 이 사실을 간접적으로 입증함). 그런데 창조주는 방주에서 나온 노아

에게 "다산(多産)하고 번성하여 땅을 가득 채우라."고 명령하셨는데(창 9:1) 빙하가 없었으면, 그분의 명령을 따를 수 없었을 거야.

브라스: 그래요? 그 점에 대해 좀 더 자세하게 설명해 주세요.

용 박사: 물론이야. 대홍수가 끝나자, 노아 세 아들인 **야벳, 함, 셈**으로부터 70여 명의 후손들이 태어났지(창10). 문제는 함의 손자(구스의 아들) **니므롯**(Nimrod)이 반란을 일으켜 창조주를 대적하였어. 그는 뛰어난 사냥꾼인데 나중에 왕이 되고 나서 사람들을 선동하였다. "서로 흩어지지 말고 홍수를 피하자."라며 거대한 **바벨탑**(tower of Babel)을 쌓기 시작한 거야. 이것은 "다산(多産)하고 땅에 충만하라."는 주님의 명령을 정면으로 거부하는 행위였어. 그분은 이런 반역 행위를 멈추도록 그 당시 하나였던 언어를 서로 다른 언어들로 만드신 거야. 그리고 그들의 입에 넣으니, 서로 말이 통하지 않게 되었지. 두말할 필요 없이 탑 쌓는 일이 중단되었고 언어가 통하는 가족끼리 널리 흩어지게 되었단다(창11:1-9). 여기서 중요한 사실은 대홍수 후에 만들어진 빙하가 해수면을 줄어들게 하여 **대륙붕**(大陸棚, continental shelf, 육지와 자연스럽게 연장되는 해저 지형으로 평균 수심은 200m 정도이며 경사가 완만함. 대홍수 후기에 육지는 융기하고 해저는 침강할 때 물이 바다로 흘러가면서 대륙 퇴적층을 대량으로 침식하였고 그 퇴적물이 쌓여서 대륙붕이 되었을 것으로 추정)이라는 **육지 다리**(land bridge)가 드러난 점이다. 예컨대 열일곱째 스크린을 보면 아시아에서 북아메리카로 이동할 수 있도록 대륙붕이 넓게 형성되었음을 볼 수 있겠다. 이처럼 해수면 위로 올라온 대륙붕을 통해 전 세계로 사람과 동물이 이동할 수 있었을 거야. 마치 이스라엘 백성이 이집트에서 탈출하여 홍해를 건널 때 창조주가 미리 길을 조성해 놓으신 것처럼 말이야(사51:10). 그분의 은혜가 아니면 어찌 이런 일이 가능하겠니. 온 대륙으로 인구 대이동이 끝날 무렵인 빙하기 말

에 다시 해수면이 상승하여 대륙붕이 바다에 잠기게 되었어. 다음 말씀도 이 사실을 뒷받침하고 있구나.

열일곱째 스크린: 아시아와 북아메리카를 연결했던 대륙붕

에벨(셈(노아의 셋째 아들)의 증손자. '에벨'에서 '히브리'가 파생됨)에게 두 아들이 태어났는데 하나의 이름은 **벨렉**(서부 히브리 민족(이스라엘)의 조상)이었으니 이는 그의 날들에 땅이 나뉘었기 때문이더라. 그의 형제의 이름은 **욕단**(동부 히브리 민족의 조상이며 동쪽으로 이동함. 혹자는 '욕단'을 **단군**으로, '동부 히브리 민족'을 **동이족**으로 여김)이었으며(창10:25)

용 박사: 에벨의 두 아들 중에서 첫째인 '벨렉의 시대에 땅(earth)이 나뉘었다는 점'에 주목하자. 벨렉이 태어나고 자랐을 무렵에 빙하기가 끝나게 되

자, 해수면 상승으로 대륙붕이 물에 잠겨 "땅이 나뉘어졌다."라고 표현한 거야. 따라서 자유롭게 이동할 수 없었겠지.

브라스: 성경 말씀이 얼마나 정확하고 진실한지 감탄할 뿐입니다.

스텔스: 그럼 박사님, 이 지구에 있는 빙하가 다 녹아버리면 어떤 일이 벌어지나요?

용 박사: 오랜만에 스텔스도 흥미로운 질문을 하는구나. 산에 있는 곡빙하보다 큰 규모의 빙하를 **빙상**(氷床, ice sheet)이라고 하는데 지구상에 오직 두 개의 빙상만 있다. 하나는 케찰스가 해마다 관찰하고 있는 북반구 **그린란드 빙상**이고, 다른 하나는 남반구 **남극 빙상**이지. 두 빙상 전체가 녹는다고 가정하고 지표면을 평평하게 하면 지구는 약 2,591m 깊이로 물속에 잠기는 거야.

오비라: 어머나, 물이 그렇게나 깊게 지구를 덮는군요!

브라스: 빙하로 물이 줄어들어 대륙붕이라는 육지 다리가 생겼고 창조주의 명령대로 사람과 동물이 전 세계로 이동할 수 있었다는 점이 매우 인상적입니다. 그러니 더 이상 빙하를 원망하지 않을래요.

용 박사: 이제 브라스가 빙하에 대해 긍정적인 생각을 하게 되었다니 마음이 홀가분하겠구나.

브라스: 그런 것 같아요.

용 박사: 대화를 나누다 보니, 해가 서쪽으로 많이 기울었군. 다른 질문이 없으면 이것으로 마치겠다.

브라스: 박사님, 두 달 후에는 날씨가 상당히 춥겠어요. 한 달 앞당기면 어떨까요?

용 박사: 좋은 생각이야.

브라스: 그럼, 다음 모임은 한 달 후에 이곳 리버록입니다.

용 박사: 친구들아, 여기서 건강한 모습으로 보자꾸나.

친구들: 네.

제8장

- 날짜: B.C. 2050년 음력 10월 14일
- 날씨: 며칠 동안 심했던 먼지폭풍이 잦아듦

동굴 인간을 만나다

한 달 사이에 안타까운 일들이 생겼어요. 케찰스는 시베리아 서쪽 하늘을 낮게 날다가 돌풍을 만나 왼쪽 날개를 다쳤답니다. 지금은 다 나았다니 그나마 다행이죠. 엘라스는 살고 있는 바닷물이 차가워지자, 수온(水溫)이 높은 남쪽으로 이사를 가버렸어요. 더구나 닷새 전에는 심한 먼지폭풍으로 내 보금자리도 사라졌어요. 무릎 높이까지 흙먼지가 쌓인 거예요. 할 수 없이 다른 장소를 찾으러 며칠 동안 바쁘게 돌아다니고 있었어요.

아침에 꽤 굵은 눈발이 흩날렸지만 오래가지는 않았죠. 오늘은 제발 아늑한 둥지가 눈에 띄기를 바라면서 출발했어요. 오전에 라이프강 근처 남서쪽 지역을 돌아다니고 있었어요. 다리에 힘이 빠지고 지쳐갈 무렵 보통 걸음으로 백 보쯤 떨어진 정면에 나지막한 동산이 희미하게 윤곽을 드러냈어요. 그 동산은 내 키 두 배 높이의 바위로 이루어졌는데 예사롭지 않게 보인 거예요. 가까이 가서 보니 바로 동굴이었어요. 잣나무가 빼곡한 숲에 몸을 숨기고 안쪽을 천천히 둘러보았어요. 경사진 바위 밑에는 티라스 엉덩이 크기의 동굴 입구가 보이더군요. 입구를 중심으로 검은 돌을 쌓아 만든 화로가 두 개 놓여 있었고요. 왼쪽 화로에서는 아직도 오비라 다리통 굵기만 한 통나무가 타면서 가느다랗게 흰 연기를 내뿜고 있었어요. 밤새 불을 피워 곰이나 호랑이가 접근하지 못하게 막았나 봐요. 동굴 오른쪽 암벽에는 세 가지 동물이 황토색으로 그려져 있었죠. 그 중앙에는 한 쌍의 상아를 지닌 매머드가 앞발을 든 모습이었고 오른쪽에는 곰이, 왼쪽에는 검치호랑이가 웅크리고 앉아 있는 자세였어요. 왼쪽 벽에는 검

치호랑이 가죽 한 벌과 함께 매머드 상아 여섯 개가 생선 꿰미에 엮인 것처럼 나란히 걸려 있는 거예요. 그 순간 움찔할 수밖에요! 상아는 살짝 누렇게 변했어도 점박이의 하얀 상아가 떠올랐기 때문이었어요.

조금 후에 동굴에서 어떤 짐승이 나오는 거예요. 곧이어 입구에 자리를 폈어요. 거기에 기다란 뼈 하나와 날카로운 돌칼 서너 개, 가느다란 풀잎 한 장을 가지런히 놓았어요. '무엇을 만들려고 하는 걸까?' 얼굴과 손발은 박사님을 닮았지만, 허리가 심하게 굽어 있고 두 다리는 활처럼 바깥쪽으로 휘어져 있었어요. 자리에 앉자마자, 박사님 손으로 두 뼘 정도 되는 뼈를 왼손으로 단단히 움켜잡았어요. 그런 다음 오른손에 끝이 날카로운 돌을 쥐고 뼈에 구멍을 뚫기 시작한 것입니다. 앞쪽에 같은 간격으로 여섯 개의 구멍을 냈고, 뒤쪽에는 하나만 뚫은 거예요. 마지막으로 한쪽 입구를 비스듬히 자른 뒤에 거기에 길쭉한 풀잎을 끼우고 작업을 마쳤어요. 이제 양쪽 손가락으로 일곱 개 구멍을 막고 나서 풀잎이 있는 쪽을 입술에 댔어요. 숨을 길게 내쉬면서 양쪽 손가락을 조심스럽게 움직였어요. "삘리리, 삘리리~" '어라, 이게 무슨 소리야?' 처음 들었지만 파라스가 내는 소리보다 훨씬 맑고 경쾌한 것입니다. 한참을 듣다가 생각해 보았어요. '뼈 하나로 어떻게 저런 신통한 악기를 만들 수가 있지?' '사람일까? 아니면 처음 보는 짐승일까?'

동굴 안에서 흘러나오는 이야기 소리를 듣고 나서야 의문이 풀렸어요. '아, 악기를 만든 이가 사람이었구나!' 대화를 나누던 사람들이 밖으로 나올 때 세어 보니 모두 다섯 명이었어요. 어른 둘에다 아이 세 명으로 한 가족처럼 보였지요. 그런데 아이들은 총총걸음으로 나왔지만, 악기를 만든 사람처럼 어른 두 사람도 등이 심하게 굽어 천천히 걸어 나오는 거예요. 얼핏 보기에 무슨 병에 걸린 것 같았어요. 잠시 후에 아빠 되는 사람은 왼손으로 벽에 걸린 호랑이 가

죽을 가리키면서 아이들에게 말을 건넸어요.

아빠: 젊었을 때는 참나무 몽둥이 하나만으로 저 검치호랑이를 쓰러뜨렸지. 지금은 화로에 넣을 땔나무조차 마련하기 힘들구나. 그래도 너희들은 아직 멀쩡하여 창조주께 감사할 뿐이야. 이런 모습으로 변하기 전에 어서 동굴을 떠나야 할 텐데.

첫째 아이: 동굴에서 오래 살면 우리도 엄마 아빠처럼 모습이 바뀌나요?

아빠: 아마도 그럴 테지. 대홍수가 끝나고 방주에서 나온 우리 조상들은 이 동굴에서만 쭉 살아왔었다. 너희들도 잘 알다시피 이곳은 추위와 야생 동물을 피할 수 있고 주변에 돌이 많아 도구로 편리하게 사용할 수 있지. 다만 습기가 많은 데다 햇볕을 충분히 쬐지 못해 뼈가 약해질 수밖에 없구나.

둘째 아이: (깜짝 놀라면서) 그래요? 아빠, 내일이라도 당장 이사 가요.

엄마: 그러면 좋겠지만 아빠는 먼저 우리 식구가 안전하게 살아갈 장소를 알아보셔야 해. 동굴 밖으로 나가면 검치호랑이나 곰 같은 야생 동물이 덤벼들 수 있고, 싸움을 좋아하는 부족을 만날 수도 있거든.

아빠: 엄마 말씀이 맞단다. 시간이 갈수록 건강이 나빠지고 사냥감도 줄어드니, 이사는 꼭 갈 거야. 이곳을 떠나면 우선 오두막을 짓고 나서 씨를 뿌려 곡식을 수확하겠지. 울타리를 두르고 그 안에서 양과 염소와 같은 가축도 기를 생각이다. 곡식과 가축은 우리 식구에게 중요한 양식이니까.

셋째 아이: 와, 신난다. 가축을 키우실 때 제가 아빠를 도와줄 거예요.

아빠: 그렇게 하렴. 착한 아들아.

첫째 아이: 할아버지도 같이 가시는 것 맞죠?

아빠: 당연히 그래야지. 조금 전까지 피리를 만들고 계셨는데 어디 가셨을까?

지지난 주에 케찰스한테도 들었어요. 이런 대화를 나눈 가족처럼 대부분 사람들이 동굴 생활을 끝내고 다른 터전으로 옮기고 있다고요. 그러면서 다음과 같이 간담이 서늘한 이야기를 들려주었어요. 보름 전에 시베리아 벌판에서 돌풍을 만나 비상착륙을 했대요. 오늘 일기 첫 장에 썼듯이 왼쪽 날개가 바위에 부딪혔는데 다행히 가벼운 상처만 입었죠. 잠시 널따란 바위에 앉아 쉬면서 먼 들판을 바라보았대요. 우연히 색다른 장면이 눈에 띄었다고 했어요. 박치기 공룡 머리처럼 생긴 오두막 일곱 채가 옹기종기 모여 있었답니다. 그 풍경이 궁금하여 날개를 접은 채, 살금살금 그 근처까지 걸어간 것입니다. 가까이 가서 막상 그 실상을 보고는 뒤로 벌떡 자빠질 뻔했다는군요. 온통 매머드 뼈와 가죽으로 오두막을 지었기 때문이었다고 했어요. 먼저 땅바닥에 납작한 돌을 둥글게 배치하고 그 위에 두개골과 턱뼈, 긴뼈를 차례대로 쌓아 올렸대요. 마지막에는 가죽으로 덮어 집을 완성한 거예요. 그중에서 한 채는 가죽이 낡아 뼈를 앙상하게 드러내고 있었다고 했어요. 어느 정도 마음이 진정되고 몸도 회복되어 남쪽 트로픽랜드 근처까지 왔는데 여기서 더 충격적인 장면을 목격했대요. 바로 매머드 사냥하는 광경을 생생하게 본 것입니다. 마지막 모임 때 그 이야기를 꼭 들려주겠다고 약속했어요.

동굴을 뒤로 하고 다시 보금자리를 찾아 나섰어요. 한 시간가량 남쪽으로 더 내려갔더니 마침 적당한 장소가 보였죠. 내 키 높이에 하얀 층과 검은 층이 교대로 퇴적된 바위가 처마처럼 내밀고 있어 잠시 추위를 피할 수 있는 곳이었어요. 내일이면 엘라스를 제외하고 박사님과 친구들 얼굴을 볼 수 있겠고요. 오늘 만났던 동굴 인간에 대해 말을 주고받기만 해도 반나절은 걸릴 것 같아요.

제8장 동굴 인간을 만나다

제9장

- 날짜: B.C. 2050년 음력 10월 15일
- 날씨: 잔뜩 흐리고 찬 바람이 불었으나 먼지폭풍은 없었음

마지막 만남
그리고 아쉬운 작별

하룻밤을 보낸 장소는 생각보다 추웠어요. 새벽녘에 싸늘한 기운이 온몸을 감싸고 돌아 일찍 눈을 뜬 거예요. 꾸벅꾸벅 졸다가 어제 들었던 피리 소리와 동굴 주변이 흐릿하게 떠올랐어요. 조금 후에 정신이 맑아지자, 푸념 섞인 말로 중얼거렸죠. "사람처럼 나도 아늑한 동굴에서 편히 쉴 수 있다면 얼마나 좋을까!" "지구가 처음 만들어졌을 때는 어느 곳이나 따뜻했는데 인간이 잘못하여 더위와 추위가 생겼다고 하셨어." "그렇다면 우리 공룡만 억울한 것이 아닌가?"

구름이 해를 가려 몸을 덥히느라 평소보다 두 배나 걸렸어요. 춥고 흐린 날씨라서 눈이 오지나 않을까 걱정도 되었죠. 그러면 길이 미끄러울 수도 있으니

까요. 걸음을 재촉했어요. 누렇게 색이 바랜 초원을 지나 잣나무 숲길에 들어섰어요. 길바닥에는 낙엽이 굴러다니고 어떤 나무는 엉성한 가지만 드러내고 있었죠. 전에 만났던 동물들도 보이지 않아 주변이 썰렁하기만 한 거예요. 한참을 걸어 드래건폭포 물줄기가 보이는 곳에 도착했어요. 가까이 다가갈수록 떨어지는 물소리는 구슬픈 가락으로 바뀌더군요. 엘라스를 더 이상 만날 수 없어서 그랬는가 봐요. 폭포를 지나 리버록을 바라보니 친구들 얼굴이 보였지만 박사님은 아직 도착하지 않으셨어요.

브라스: 친구들아, 안녕!

친구들: 브라스야, 안녕!

브라스: 이제 엘라스가 없으니 섭섭하겠구나.

케라스: 그래, 헤엄을 잘 치는 그 친구가 그리워질 거야.

브라스: 티라스야, 얼굴이 해쓱해 보이는군. 혹시 아픈 데는 없었니?

티라스: 일주일 동안이나 굶주려서 그래.

브라스: 아니, 일주일이나?

티라스: 너무 배고파서 돌이라도 먹을 수 있겠다. 그나저나 해가 갈수록 사냥하기 힘들어 걱정이 태산이구나.

스텔스: 날씨가 추우니 내 골판이 움츠러들었어.

케라스: 이런 날씨에는 나도 주름장식(프릴)을 우아하게 펼 수가 없구나. 그런데 어디서 덜덜거리는 소리가 나지?

오비라: 응, 추워서 내 부리끼리 부딪치는 소리야.

파라스: 내 볏도 예외는 아니지. 크기가 줄어드니 소리가 거칠고 속상해!

브라스: 참, 케찰스야, 오늘 매머드 사냥 목격담을 말해준다고 했었지?

오비라: 뭐? 매머드 사냥하는 장면을 보았다고?

케찰스: 그럼, 이 두 눈으로 생생하게 보았단 말이야. 시베리아 서쪽에서 매머드 뼈로 만든 오두막을 살펴본 뒤에 집으로 돌아오는 길이었어.

스텔스: 아니, 매머드 뼈로 만든 오두막이 있었어?

케찰스: 물론이야.

스텔스: 섬뜩했겠다.

케찰스: 맞아. 그 광경에 소름이 쫙 돋았어. 정신을 차리고 계속 날아 하이볼드산 근처 들판에 이르렀지. 함박눈과 함께 어슴푸레 땅거미가 내리기 시작할 때였어. 그 들판 한가운데서 불빛이 무리를 지어 움직이는 거야. 낮게 날면서 살펴보니, 글쎄 열 명이나 되는 사람들이 횃불을 들고 울리 매머드 셋을 쫓고 있었어! 앞으로 쉰 걸음만 더 가면, 길이 두 갈래로 나뉘는 곳이야. 오른쪽은 초원으로 이어졌고, 왼쪽은 내 날개폭 다섯 배 높이의 낭떠러지가 버티고 있었지. 그 밑에는 호랑이 가죽옷을 입은 다섯 사람이 긴 창을 들고 몸을 숨기고 있더라고. 주변은 어둑어둑했지만, 날카로운 창끝은 오히려 반짝반짝했어. 그 숨 막히는 광경에 내 심장이 쿵쿵거렸지. 사냥꾼들은 매머드를 왼편으로 몰아 절벽으로 떨어뜨릴 생각이었나 봐. 앞장서서 달리는 매머드를 향해 다급하게 외쳤지. "왼쪽으로 가면 절벽이야. 오른쪽으로 가면 살 수 있어~" 그 매머드는 내 목소리를 듣고서 잠시 걸음을 멈추고 하늘을 쳐다보았어. 그러자 내 눈과 마주친 거야. 눈이 초롱초롱한 데다 아름다운 두 개의 상아를 지녔더라. 이마 한가운데에 매머드 눈알만 한 흰 점도 있고.

브라스: 정말이야??? 내가 만났던 그 매머드임이 틀림없구나! 그래서 어떻게 되었어?

케찰스: 그 점박이는 알았다는 듯이 고개를 서너 번 끄덕이고 나서 오른쪽 길로 쏜살같이 달리기 시작했어.

브라스: 오, 살았구나!!!

케찰스: 점박이를 바짝 뒤따른 두 번째도 오른쪽으로 갔지만, 상당히 뒤처진 마지막 매머드는 왼쪽으로 가버렸어. 사냥꾼들이 내지르는 고함 소리에 당황하여 내 말을 못 들었나 봐.

파라스: 아이고 맙소사!

브라스: 그럼 그 매머드는 절벽 아래로 떨어진 거야?

케찰스: (고개만 끄덕일 뿐 더 이상 말을 잇지 못했다)

브라스: (내 눈에는 벌써 눈물이 그렁그렁하였다)

(이렇게 우리들이 대화하는 사이에 용 박사님의 타임머신이 도착했다)

용 박사: 친구들아, 안녕!

친구들: 박사님, 안녕하세요?

용 박사: 브라스야, 울고 있었니?

브라스: 네, 케찰스가 매머드 사냥 이야기를 실감 나게 해주어 눈물이 났어요.

용 박사: 그렇게도 슬픈 이야기였었니?

브라스: 기쁘면서도 슬픈 목격담이었어요. 이마에 점이 있는 그 매머드가 살아 있어서 뛸 듯이 기뻤고요. 사냥꾼 창으로 찔렸을 매머드 생각에 가슴이 무척 아렸어요.

용 박사: 그토록 생사가 궁금했던 매머드가 살아 있어서 그나마 다행이구나. 나는 오는 도중에 시베리아 '러피안연구소'를 방문하느라 늦었다. 거

기서 **그린란드 빙상프로젝트2**(GISP2)에 관여한 과학자 몇 분과 토론했단다. 이들은 5년 동안 그린란드 빙상을 지름 150cm 크기로 약 2,800m 깊이까지 뚫은 거야. 그 얼음 기둥에서 나이테처럼 생긴 띠(산소동위원소(^{16}O, ^{18}O) 변화에 따라 생성된다고 알려짐. 본서 p. 160 참조)가 몇 개나 되는지 헤아려 보기 위해서였어. 무려 110,000개나 되므로 빙하도 그만큼 오래되었다고 주장하더군. 이것을 근거로 '노아 대홍수'도 일어나지 않았다며 생억지를 부리고. 그래서 한 달 전에 너희들에게 강의한 것처럼 그들에게도 빙하의 생성 조건 네 가지와 산소동위원소의 맹점을 설명하고 성경 기록도 보여주었어. 그러자 꿀 먹은 벙어리처럼 더 이상 대꾸하지 못하더라.

브라스: 확실한 증거로 그들의 코를 납작하게 만들어 주셨군요.

용 박사: 그렇지, 사람들은 '과학'이라는 꼬리표가 달리면, 앞뒤 안 가리고 믿고 보는 성향이 있단다. 그렇지만 과학을 논할 때 반드시 알아야 할 사실 하나가 있다. 바로 과학에는 **기원과학**(historical(origins) science)과 **실험과학**(experimental science) 이렇게 두 종류가 있고 전혀 다르므로 구분할 필요가 있다는 점이야. 열여덟째 스크린에서도 이 두 가지 차이점을 알기 쉽게 보여주고 있어. 구체적으로 '기원과학'은 지구를 포함하여 우주, 생명체 등이 어떻게 생겨났는지에 대한 과학이다. 이런 과학은 관찰하거나 실험할 수 없으므로 개인적인 세계관에 따라 오로지 믿을 뿐이야. 진화론과 창조론도 여기에 속하지. 그렇지만 '실험과학'은 어떤 현상을 관찰, 실험하고 응용하여 발명품을 만들어 내는 등 생활을 윤택하게 하는 분야란다. 따라서 기원과학을 실험과학인 것처럼 받아들이면, 엉뚱한 결론에 도달할 수 있어.

열여덟째 스크린: 기원과학과 실험과학의 차이

브라스: 과학에도 두 가지가 있으므로 잘 구분해서 사용해야겠어요. 박사님, 어제 동굴에 사는 인간을 보았어요. 얼굴과 손발은 박사님을 닮았는데 등과 다리가 심하게 굽어 있더군요.

용 박사: 그래? 브라스는 '크로마뇽인'(Cro-Magnon man, 1868년 프랑스 크로마뇽 동굴에서 발견)이나 '네안데르탈인'(Neanderthals, 1856년 독일 네안데르 계곡에서 뼈가 발견되었음)이라고 부르는 사람들을 만난 것 같구나. 노아의 첫째 아들 '야벳'의 후손들이지(『킹제임스 성경』 창세기 10장 21절을 보면 '셈은 야벳의 동생'이라고 적혀 있다(Shem-the brother of Japheth the elder). 따라서 **야벳**이 첫째, **함**이 둘째, **셈**이 셋째임을 알 수 있고 『창세기』 10장은 이 순서에 따라 70명의 노아 후손이 기록되어 있음). 창조 사실을 믿지 않는 사람들은 오랜 세월이 흐르는 동안 '원숭이'에서 '유인원'을 거쳐 '사

람'으로 진화되었다는 가설을 내세웠다. 그 유인원에 해당하는 존재로 **오스트랄로피테쿠스, 필트다운인**(1912년 영국 고생물학자인 찰스 도슨(Charles Dawson, 1864-1916)이 발견한 화석. 그러나 1950년에 사기극으로 밝혀졌다. 즉 오랑우탄 턱뼈와 사람의 두개골을 조립한 다음 두개골은 중크롬산칼륨 용액으로 색소를 입히고 치아는 줄 톱으로 갈아 오래된 것처럼 조작함), **자바인, 북경인, 네브라스카인, 하이델베르크인, 크로마뇽인, 네안데르탈인** 등이 있었다는 거야. 그러나 유인원은 하나같이 원숭이나 멧돼지, 사람 등으로 판명되었어. 필트다운인은 사람과 오랑우탄 뼈를 이용해 인위적으로 조작한 것이고 네브라스카인은 멸종된 멧돼지 치아 하나로 만든 상상에 불과해. 그리고 크로마뇽인과 네안데르탈인은 현존하는 유럽 사람의 조상(祖上)으로 밝혀진 거야. 그들은 대홍수 직후 혹독한 환경에서 살아남기 위해 동굴에서 생활했던 사람들이란다. 영양 상태가 좋지 않고 오랫동안 햇볕을 받지 못해 뼈에 장애가 왔겠지. 따라서 브라스가 만났던 동굴 인간은 '비타민D'가 부족하여 생긴 **구루병**(rickets) 환자라고 생각해도 되겠구나. 너희들은 그림을 그리거나 불을 이용할 줄 모르지만, 이들은 동굴에 벽화를 남기고 동물 뼈를 이용해 악기를 만들 뿐만 아니라 불도 지필 줄 아는 존재야.

브라스: 맞아요. 동굴 근처 벽에 검치호랑이랑 매머드를 그려놓았고요. 불을 피우는 화로 두 개도 보았어요.

파라스: 네안데르탈인과 크로마뇽인이 나처럼 불을 만들 수 있다고요?

용 박사: 그렇지, 창조주께서 본래 파라스의 신체 구조를 그렇게 만드셔서 가능한 거야. 그렇지만 사람은 도구를 사용하여 스스로 불을 만들어 사용할 수 있게 지혜를 주셨어.

파라스: 그럼 창조주가 우리보다 사람을 더 뛰어나게 만드셨군요?

용 박사: 맞는 말이야. 그분은 '자신을 닮은 형상'으로 **사람**(남성과 여성)을 빚으신 거야(창1:27). 그런 다음 너희들을 포함하여 지구에 있는 동식물을 잘 다스릴 수 있도록 능력을 주셨어(창1:26,28).

이렇게 하나님께서 자신의 형상대로 사람을 창조하시되 하나님의 형상대로 그를 창조하시고 **남성**과 **여성**으로 그들을 창조하시니라(창1:27, 이 말씀을 통해 '제3의 성'은 창조주가 만들어 낸 젠더(gender, 성(性)가 아님을 알 수 있음)

브라스: 그래요? 이렇게 덩치가 큰 우리도 처음부터 사람이 다스리고 길들이게 하셨군요.

용 박사: 이제야 너희들 위치를 제대로 알았구나. 지금은 인간의 타락으로 그 체계가 상당히 어긋났지. 그렇지만 예수님이 장차 **왕**(王, king)으로 다시 오셔서 지구를 정상으로 회복시키실 때는 전체 질서가 바로잡힐 거야.

브라스: 그렇군요.

용 박사: 혹시 다른 궁금한 점은 없니?

친구들: 없습니다.

용 박사: 그럼, 이것으로 우리 모임을 마무리하고 작별해야겠구나.

친구들: 벌써요?

용 박사: 섭섭하겠지만, 주어진 환경에 잘 적응하면서 건강하게 살아가길 바란다. 이것이 너희를 창조하신 분께 영광을 돌리는 길이 아니겠니!

스텔스: 헤어질 시간이 되었다니, 가슴이 먹먹해집니다. 친구들도 같은 마음일 거예요.

브라스: 그렇지만 박사님께서 내 일기를 책으로 만들어 주신다고 약속하셨어.

스텔스: 박사님, 그게 사실인가요?

용 박사: 암, 그렇고말고. 브라스가 쓴 일기를 통해 공룡과 지구 역사에 관한 올바른 지식이 세상에 널리 전파되길 바랄 뿐이야.

친구들: 제발 그랬으면 좋겠어요!

용 박사: (일일이 우리 머리를 쓰다듬고 이름을 불러주시면서) 건강하고 행복하게 살아다오!

친구들: (우리들도 눈이 촉촉해지면서) 네, 그럴게요!

너희가 **진리**를 알리니 **진리가 너희를 자유롭게 하리라**(요8:32)

Ye shall know the **truth**, and the truth shall make you free(John8:32)

예수님께서 그(=도마)에게 이르시되, 내가 곧 **길**이요 **진리**요 **생명**이니 나를 통하지 않고서는 아무도 아버지께 오지 못하느니라(요14:6)

Jesus saith unto him, I am the **way**, the **truth**, and the **life**: no man cometh unto the Father, but by me(John14:6)

에필로그

필자가 어렸을 적에 아버지는 심부름을 곧잘 시키셨습니다. 한번은 아랫집에서 빌린 농기구를 반납하러 갔다가 그 집에서 기르는 대형견에게 엉덩이를 물린 것입니다. 그 사건 이후로 소형견을 키우는 이웃집에 가는 것도 여간 고역이 아니었어요.

반면에 주님의 심부름은 기쁨이 넘쳤습니다. 그분이 맡겨주신 '진실 보따리'를 원하는 사람들에게 나눠주는 일이어서 그랬습니다. 사실 책을 한 권 발간한다는 것은 그리 녹록하지는 않지요. 뭉뚝하게 잘린 나무 몸통으로 오밀조밀하게 수작업하여 어떤 인물상을 조각하는 일이라고나 할까요. 밑그림부터 시작하여 나중에는 섬세한 표정까지 담아내기 위해 셀 수 없이 깎고 다듬어야 하기 때문입니다. 집필하는 지난 2년 동안 자투리 시간도 허투루 쓰지 않았습니다.

　글 쓰는 데 몰입하다 보니 감정 이입이 되기도 하더군요. 브라스가 빙하 다리를 건너다가 온 가족을 잃고 절규하는 장면, 점박이 매머드가 사냥꾼에게 쫓길 때 케찰스의 도움으로 극적으로 살아남게 된 순간, 그리고 마지막 모임에서 용 박사와 공룡이 작별 인사를 나눌 때 필자의 가슴도 뭉클해진 것은 사실입니다.

　본서를 끝까지 정독하신 독자라면 공룡과 지구 역사의 실체를 어느 정도 파악하셨으리라 믿습니다. 혹자는 인생관과 세계관의 방향을 점검하는 계기도 되었을 것입니다. 이런 진실을 사랑하는 이웃에게도 널리 전하시길 바랍니다. 그리하여 여러분의 선한 영향력이 눈덩이처럼 불어났으면 합니다. 감사합니다.

공룡 용어 풀이

'무서운 도마뱀'(그리스어 Deinos+Sauros)이란 의미를 지닌 용어 '공룡'(恐龍, Dinosaur)을 처음 사용한 사람은 1841년 영국 고생물학자이며 대영박물관 초대 관장인 **리처드 오언 경**(Sir Richard Owen)입니다. 그런데 공룡은 도마뱀과 골반 구조가 달라 육지에서 꼬리를 들고 걷거나 뛸 수 있었습니다. 다시 말해 공룡은 도마뱀과 해부학적 연관이 없고 단지 주님의 독특한 창조 작품일 뿐입니다. 본서에 등장하는 공룡, 익룡, 어룡, 수장룡의 종류와 그 이름에 담긴 뜻을 정리하면 아래와 같습니다.

갈리미무스(Gallimimus): 닭을 닮음
디플로도쿠스(Diplodocus): 두 개의 기둥
람베오사우루스(Lambeosaurus): 람베(캐나다 고생물학자)의 도마뱀
람포링쿠스(Rhamphorhynchus): 부리와 주둥이
마노스폰딜루스 기가스(Manospondylus gigas): 큰 척추뼈를 지니고 거대함
모사사우루스(Mosasaurus): 뫼즈강(프랑스에서 발원하여 북해로 흐름)의 도마뱀
브라키오사우루스(Brachiosaurus): 팔 도마뱀
스켈리도사우루스(Scelidosaurus): 굳어진 도마뱀
스테고사우루스(Stegosaurus): 지붕 도마뱀

스트루티오미무스(Struthiomimus): 타조를 닮음

스티라코사우루스(Styracosaurus): 가시 도마뱀

아파토사우루스(Apatosaurus): 사기꾼(혹은 가짜) 도마뱀

안킬로사우루스(Ankylosaurus): 융합된 도마뱀

알로사우루스(Allosaurus): 이상한(혹은 다른) 도마뱀

에드몬토사우루스(Edmontosaurus): 에드먼턴(캐나다의 도시)의 도마뱀

엘라스모사우루스(Elasmosaurus): 얇은 판(혹은 접시) 도마뱀

오비랍토르(Oviraptor): 알 도둑

울트라사우루스(Ultrasaurus): 거대한 도마뱀

친타오사우루스(Tsintaosaurus): 친타오(중국 산둥성의 항만 도시) 도마뱀

케찰코아틀루스(Quetzalcoatlus): 날개를 가진 뱀

켄트로사우루스(Kentrosaurus): 뾰족한 도마뱀

코리토사우루스(Corythosaurus): 코린트 헬멧(혹은 투구) 도마뱀

크로노사우루스(Kronosaurus): 크로노스(그리스 로마 신화에서 농경의 신)의 도마뱀

타르보사우루스(Tarbosaurus): 놀라게 하는 도마뱀

테리지노사우루스(Therizinosaurus): 낫(농기구) 도마뱀

토로사우루스(Torosaurus): (황)소 도마뱀

투오지앙고사우루스(Tuojiangosaurus): 타강(메콩강의 지류)의 도마뱀

트리케라톱스(Triceratops): 뿔 세 개를 지닌 얼굴

티라노사우루스(Tyrannosaurus 혹은 T.Rex): 폭군 도마뱀

파라사우롤로프스(Parasaurolophus): 볏이 달린 도마뱀

파키케팔로사우루스(Pachycephalosaurus): 두꺼운 머리 도마뱀

프테라노돈(Pteranodon): 이빨 날개

프테로닥틸루스(Pterodactylus): 날개 손가락

참고 자료

여기에 수록된 대부분의 자료는 그동안 아내와 함께 국내외 여행을 다니면서 촬영한 것으로, 본문 내용을 더 쉽게 이해할 수 있도록 실었습니다.
(세 가지 색상으로 출처를 표시함. 저자(●), 아내(●), 인용(●))

자료 1 티라노사우루스 모형(전남 여수 사도)(●)

자료 2 스테고사우루스 형상(캄보디아 타 프롬 사원)(●)

자료 3 폭탄딱정벌레가 뜨거운 물질을 뿜어내는 모습(●)

자료 4 파랑새 날개 앞에 보조 날개가 잘 보임(경북 경주)(●)

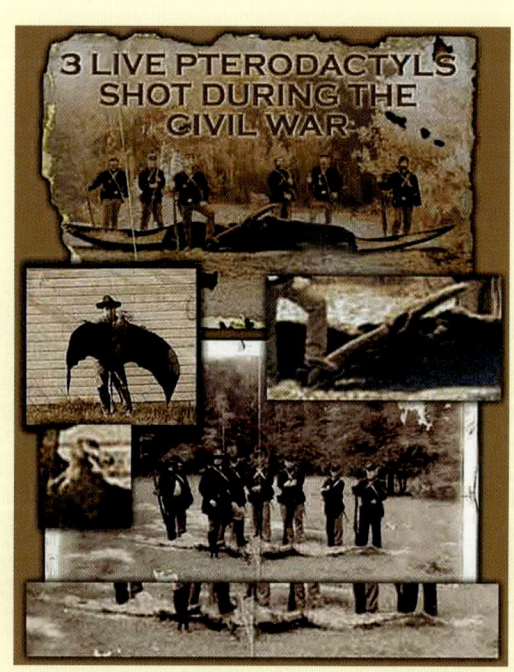

자료 5 미국 남북전쟁 당시 포획된 익룡(●)

자료 6 공룡박물관에서 구입한 초식공룡 위석(胃石)(●)

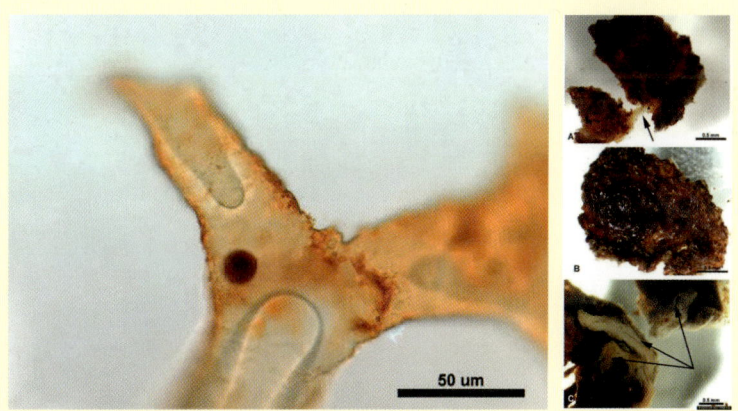

자료 7 슈바이처 박사가 공룡 뼈에서 발견한 적혈구(좌)와 콜라겐(우)(●)

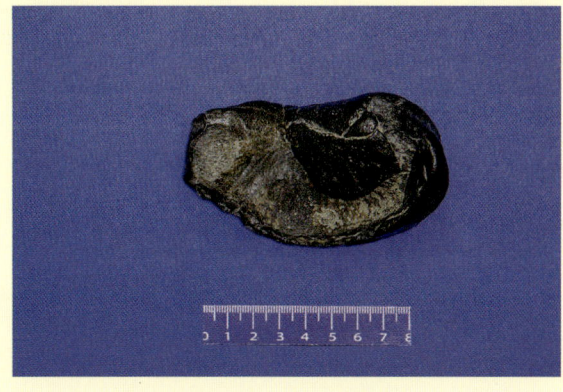

자료 8 고래 귀 화석(●)

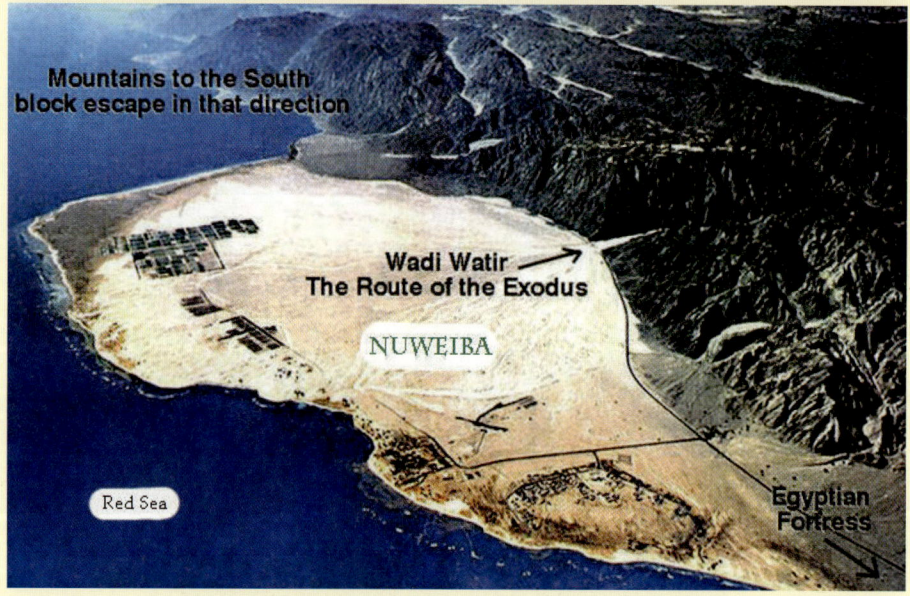

자료 9 화살표는 이스라엘 백성이 홍해를 건넌 위치를 표시함(상)
홍해 건너기 전 머물렀던 누웨이바를 확대한 항공 사진(하)(●)

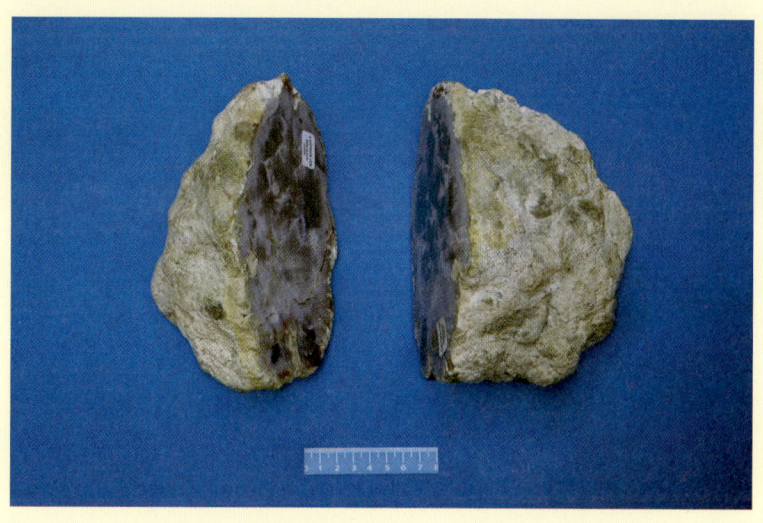

자료 10 초식공룡 분석(내부는 광물로 치환되어 윤이 남)(●)

자료 11 차마고도(중국 윈난성, 해발 4,000m)**의 연흔**(●)

자료 12 경남 고성 계승사의 연흔(천연기념물 제475호, 면적은 약 50m²)(●)

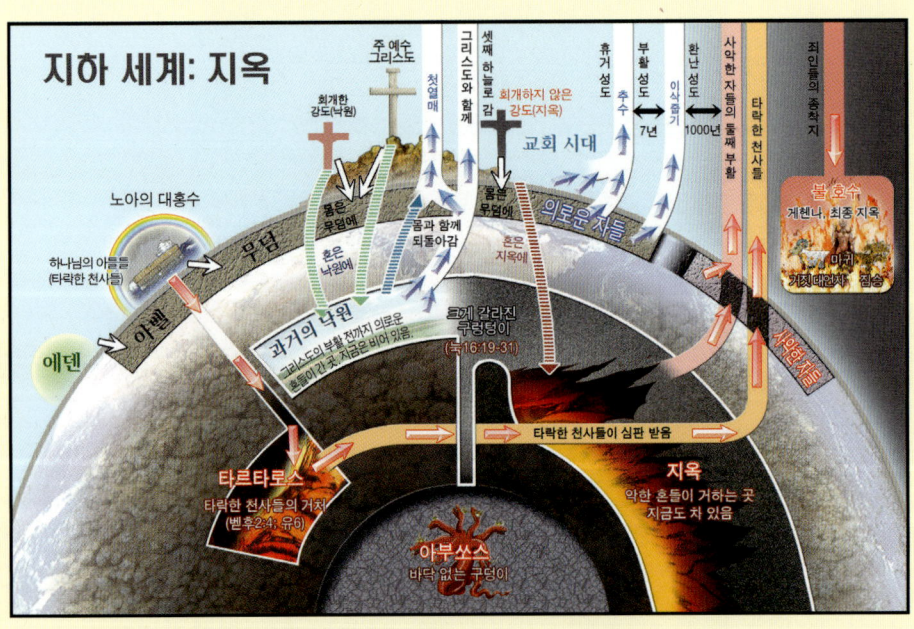

자료 13 지하 세계(지옥은 지구 안에 있음)(●)

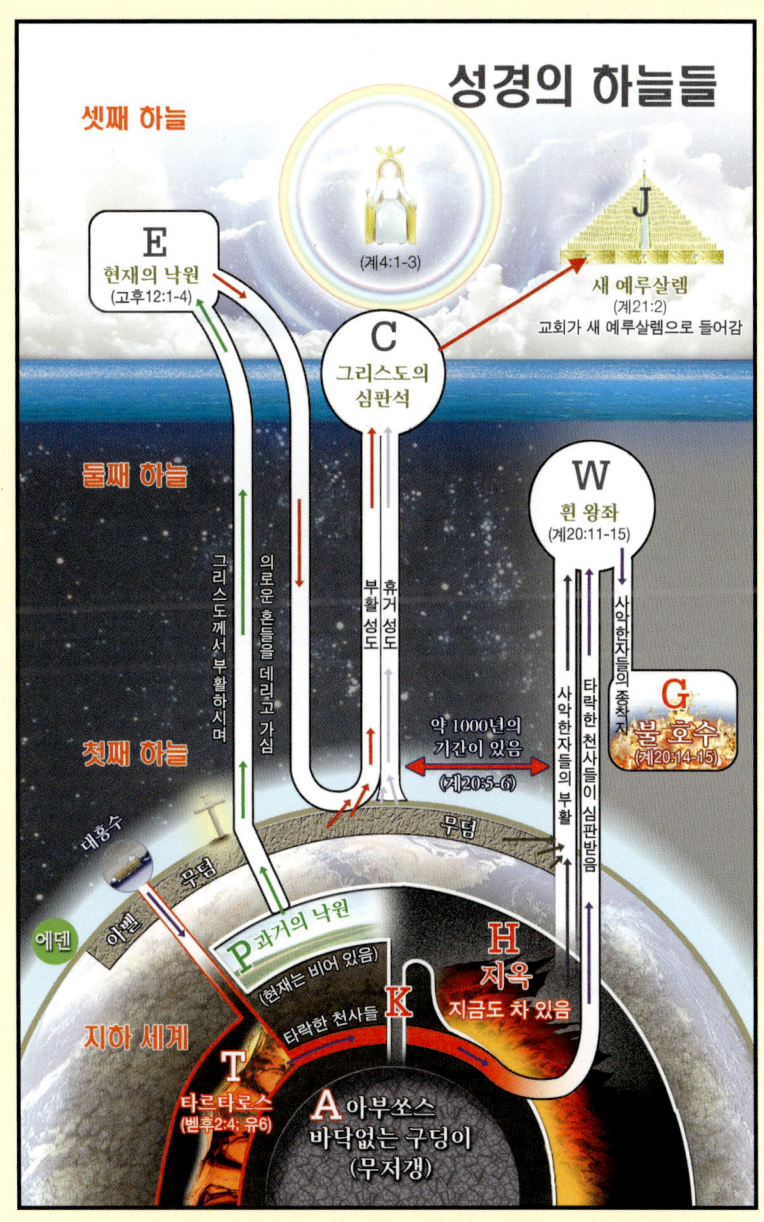

자료 14 성경에서 말하는 세 가지 하늘(●)

자료 15 매튜 머리(미국, 해양학의 아버지) 초상화(●)

자료 16 파라솔 개미(코스타리카 밀림에서 촬영)(●)

자료 17 표이석(경남 고성. 거대한 물 흐름에 의해 이곳으로 이동하였음)(●)

자료 18 미국 팔로스강과 팔로스폭포(●)

자료 19 나뭇잎과 새우 화석(●)

자료 20 칠레 안데스산맥에 있는 피츠로이산(해발 3375m)(●)

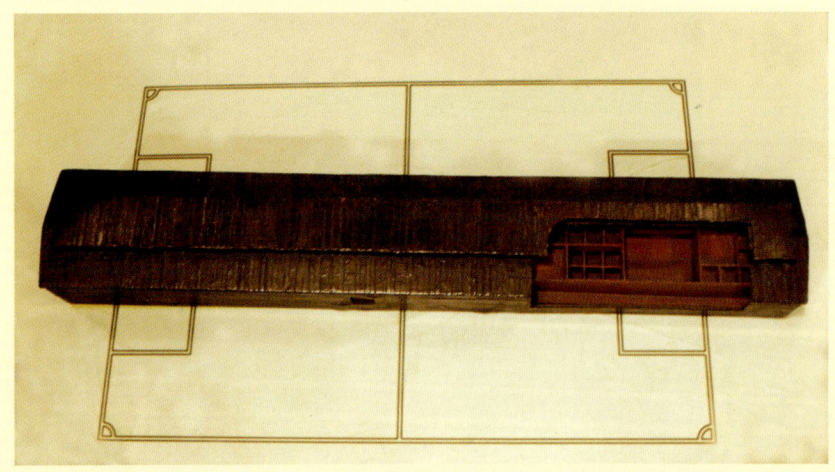

자료 21 방주의 모형도(방주 목격자 조지 하고피안의 증언을 토대로 제작. 축구장보다 길다)(●)

자료 22 평탄면(미국 그랜드캐니언, 마치 칼로 자른 것처럼 지면이 평탄하다)(●)

자료 23 거대한 습곡 앞에 서 있는 필자(이탈리아 돌로미티 세체다)(●)

자료 24 티티카카 호수(해발 3,890m, 페루와 볼리비아, 세계에서 가장 높은 곳에 위치한 염호)(●)

자료 25 사층리(斜層理, 미국 유타주. 물 흐름이 좌우로 바뀌면서 퇴적되었음)(●)

자료 26 우흔(雨痕, 경남 고성군 영현면에 위치한 계승사 경내에 있음)(●)

자료 27 아라랏산의 두 봉우리(아르메니아)(●)

자료 28 초식공룡(용각류) **보행렬**(경남 고성군, 일직선으로 나 있다)(●)

자료 29 공란층(恐卵層, 경남 고성. 수많은 공룡 발자국이 무질서하게 형성되었음)(●)

자료 30 초식공룡알 화석(왼쪽은 모조품, 오른쪽은 진품)(●)

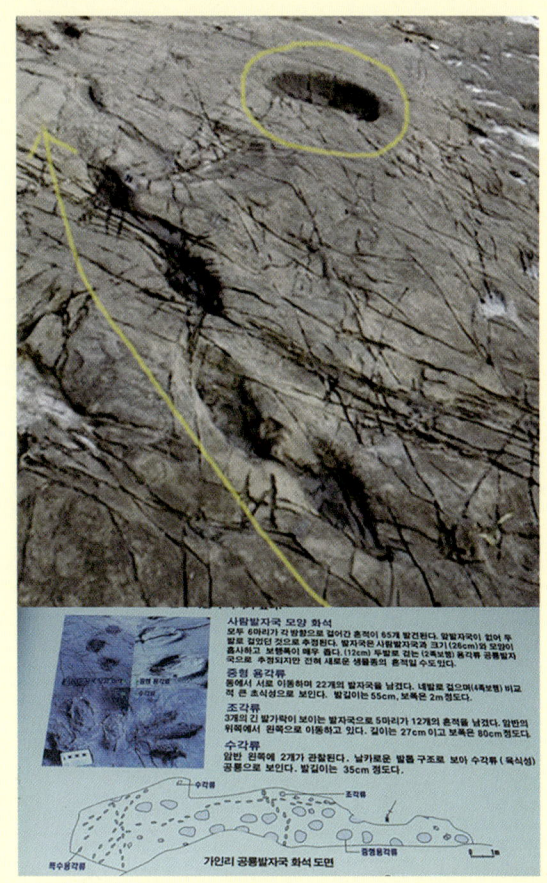

자료 31 화석 안내판(경남 남해. 왼쪽 특수 용각류는 사람 발자국임)(●)

자료 32 암괴류(경남 밀양 만어산 정상(해발 670m)에 위치, 천연기념물 528호)(●)

자료 33 선악과를 상징하는 모형(오른쪽에 뱀의 머리와 다리가 있음)(●)

자료 34 U자 계곡(아르헨티나, 파타고니아)(●)

자료 35 피라미드형 호른(아이슬란드 스나이펠스네스 반도)(●)

자료 36 파타고니아 지방 모레노 빙하와 빙산(아르헨티나)(●)

참고 문헌

- 가자 신비한 공룡의 세계로(꿈을 이루는 사람들, 폴 테일러 지음, 송지윤 옮김, 2006)
- 개역성경분석(그리스도예수안에, 정동수 지음, 2006)
- 거미박사 김주필의 거미 이야기(도서출판 쿠키, 김주필 지음, 2006)
- 공룡(담터미디어, Paul Hammond 지음, 엄지연 옮김, 2011)
- 공룡과 함께 떠나는 시간 여행(꿈을 이루는 사람들, 켄 햄 지음, 천미나 옮김, 2007)
- 공룡 대백과사전(비룡소, 존 우드워드 지음, 이한음 옮김, 2022)
- 공룡들은 우리들이 없어서 심심했겠다(가문비 어린이, 이윤하 동시·그림, 2014)
- 공룡알 화석의 비밀(지성사, 장순근 지음, 2019)
- 공룡 오디세이(도서출판 뿌리와이파리, 스콧 샘슨 지음, 김명주 옮김, 2011)
- 교과서속 진화론 바로잡기(생명의말씀사, 김만복·김재욱 지음, 2011)
- 그런데요, 공룡은 어디로 갔나요?(토토북, 이융남·서현교 지음, 조위라 그림, 2007)
- 그토록 매혹적인 공룡(북스힐, 보리아 섹스 지음, 권현민·채유경 옮김, 2021)
- 노아홍수 콘서트(두란노서원, 이재만 지음, 2010)
- 두산세계대백과사전 14(두산동아, 발행인 최태경, 1999)
- 모든 공룡에게는 그들만의 이야기가 있다(레몬한스푼, 마루야마 다카시 지음, 서수지 옮김, 2022)
- 빙하기 사람들은 어떻게 살았을까?(꿈을 이루는 사람들, 마이클 오드·비버리 오드 지음, 김정원 옮김, 2007)

- 빙하시대 이야기(두란노서원, 이재만·최우성 지음, 2011)
- 아무도 모르는 동물들의 별난 이야기(도서출판 이치사이언스, 사네요시 타츠오 지음, 김은진 옮김, 2009)
- 위원장의 마취 통증 생명 이야기(개정판, 라온누리, 위정복 지음, 2020)
- 지구시스템의 이해, 제5판(박학사, F.K.Lutgens·E.J.Tarbuck 지음, 김경렬 외 4인 옮김, 2009)
- 창조세계와 과학의 올바른 나침반(증보판, 라온누리, 위정복 지음, 2018)
- 킹제임스 흠정역 성경전서(스터디 바이블) 마제스티 에디션(그리스도예수안에, 정동수 지음, 2021)
- 타협의 거센 바람(두란노서원, 이재만 지음, 2017)
- 또 하나의 선민 알이랑 민족(예루살렘, 유석근 지음, 2011)
- 漢字에 담긴 창세기의 발견(미션하우스, C.H.Kang & E.R.Nelson, 이강국 번역, 2008)
- 화석이 말을 한다면(사이언스북스, 김동희 지음, 2011)

- Bedrock Geology, 2nd Edition(Northwest Treasures, Patrick Nurre, 2013)
- Dinosaurs marvels of God's Design(Master Books, Tim Clarey, 2015)
- Dinosaurs by Design(Master Books, Duane T.Gish, 2018)
- Dinosaurs and the Bible(Harvest House Publishers, Brian Thomas, 2013)
- Earth, 10th Edition(Pearson Education, E.J.Tarbuck & F.K.Lutgens, 2011)
- 5 Reasons to believe in recent creation(ICR, Henry M. Morris Ⅲ, 2011)
- Fossils, Dinosaurs and Cave Men, 3rd Edition(Northwest Treasures, Patrick Nurre, 2014)
- Fossil the Mystery of Earth History(Sigmapress, Song Ji Young, 2003)
- Guide to Creation Basics(Institute for Creation Research, 2013)

- Guide to Dinosaurs(Harvest House, Institute for Creation Research, 2015)

- Noah's Ark and the Ararat Adventure(MB, John D.Morris, 2011)

- The Changing Earth, 5th Edition(Brooks/Cole, J.S.Monroe/Reed Wicander, 2009)

- The Frozen Record(ICR, Michael J.Oard, 2005)

- The Geology book(Master Books, John D. Morris, 2007)

- The Global Flood(ICR, John D.Morris, 2014)

- The Great Dinasaur Mystery Solved!(Master Books, Ken Ham, 1999)

- The Handy Dinosaur Answer Book, 2nd Edition(Visible Ink Press, T.E.Svarney & P.B.Svarney, 2010)

- The Ice Age and the Flood(ICR, Jake Herbert, 2014)

- The Remarkable Record of Job(Master Books, Henry M. Morris, 2016)

- Thousands Not Billions(MB, Dr. Don DeYoung, 2008)

- When Bat Was a Bird(Struik Nature, Nick Greaves, 2004)

- Uncovering the mysterious Woolly Mammoth(Master Books, Michael & Beverly Oard, 2013)

초식공룡이 쓴 일기

초판 1쇄 발행 2025. 2. 21.

지은이 위정복
펴낸이 김병호
펴낸곳 가넷북스

편집진행 박하연
디자인 양헌경

등록 2019년 4월 3일 제2019-000040호
주소 서울시 성동구 연무장5길 9-16, 301호 (성수동2가, 블루스톤타워)
대표전화 070-7857-9719 | **경영지원** 02-3409-9719 | **팩스** 070-7610-9820

•가넷북스는 여러분의 다양한 아이디어와 원고 투고를 설레는 마음으로 기다리고 있습니다.
이메일 garnetoffice@naver.com | **원고투고** garnetoffice@naver.com
공식 블로그 blog.naver.com/garnetbooks
공식 포스트 post.naver.com/garnetbooks | **인스타그램** @_garnetbooks

ⓒ 위정복, 2025
ISBN 979-11-92882-16-1 03300

• 파본이나 잘못된 책은 구입하신 곳에서 교환해드립니다.
• 이 책은 저작권법에 따라 보호를 받는 저작물이므로 무단전재 및 복제를 금지하며,
  이 책 내용의 전부 및 일부를 이용하려면 반드시 저작권자와 도서출판 가넷북스의 서면동의를 받아야 합니다.